GERNOT FÖRSTER

GOTT UND DIE WELT

- Fragmente einer Theorie -

Scherr-Verlag

ISBN NR. 3-8311-1743-8

Herstellung: Books on Demand GmbH

INHALT

VORWORT

Es hat viele Jahre gedauert, bis es mir schließlich möglich war, dieses Buch zu schreiben. Großen Anteil daran haben Lehrer und andere Menschen in meiner Umgebung, die einerseits versuchten, mir Religionswissen zu vermitteln, dabei aber so deutlich Unsicherheit oder Missstimmigkeiten erkennen ließen, dass ich nahe daran war, mit dem Glauben an den Weihnachtsmann auch den Glauben an Gott zu verlieren.

In dieser Zeit habe ich alle Mitschüler und Freunde bewundert, die sich klar entscheiden konnten und entweder die Existenz Gottes als völlig ausgeschlossen ablehnten - und die waren in der Mehrzahl - oder trotz aller Ungereimtheiten, die uns schon damals bei der Lektüre der Bibel auffielen, unerschütterlich an Gott glaubten. Meine Zweifel haben mir während einiger Jahrzehnte nicht erlaubt, mich überzeugt entweder auf die Seite der Einen oder auf die Seite der Anderen zu stellen.

In dieser Zeit sind durch beständiges Bemühen, durch Lektüre ungezählter Bücher und durch ebenso ungezählt viele Gespräche mit Menschen unterschiedlichster Überzeugungen letztlich Erkenntnisse gereift, die mich doch noch befähigt haben, mich eindeutig auf die Seite jener zu stellen, die nicht nur an Gott glauben, sondern geradezu der Auffassung sind, es sei mit dem gesunden Menschenverstand nicht zu vereinbaren, es nicht zu tun.

Allerdings sind es weder „Heilige Schriften" oder irgendwelche Religionsgemeinschaften, die mir zu meinem unerschütterlichen Glauben an Gott verholfen haben, sondern der Versuch unabhängig von all dem, den Meister durch seine Werke kennen zulernen und über sie herauszufinden, wer da am Werke war und ist. Schließlich bin ich durch die Freunde und Gesprächspartner in meiner engeren Umgebung davon überzeugt worden, dass es richtig sei, meine Überlegungen, Ansichten und Thesen einem größeren Kreis von Menschen zugänglich zu machen. So habe ich mich der Mühe unterzogen, alles zu Papier zu bringen, was ich bezweifle und dem gegenüberzustellen, wovon ich überzeugt bin.

Dies geschieht nicht in der Absicht auf irgend jemand bestimmend einwirken zu wollen. Es geschieht vielmehr in der Absicht, meine Gedanken mitzuteilen, das eigene Denken meiner Leser anzuregen, um es letztendlich in das freie Ermessen eines jeden Lesers zu stellen, ob und in wie weit er sich meine Überlegungen zu eigen machen will. Ich bin durchaus nicht der Meinung, dass es mir gelungen ist, in meinen nachfolgenden Ausführungen alles gesagt und behandelt zu haben, was überhaupt zu sagen ist. Ich nenne dieses Buch daher im Untertitel „Fragmente einer Theorie". Dies ist gleichzeitig eine Einladung an Alle, die dies zu leisten vermögen, die Fragmente zu ergänzen, sie zu überprüfen und, wo nötig, zu verbessern, um am Ende eine Theorie zu gewinnen, die völlig logisch und aufgrund empirisch (= praktischer) Beobachtungen nachvollziehbar ist. Dies in der Hoffnung, dass es irgendwann möglich sein wird, die letzten Zweifel durch Beweise auszuräumen.

Ich danke allen, die mir geholfen haben, dieses Buch auf den Weg zu bringen.

CAMPOVERDE, im Mai 1997 / Januar 2001

1. AUF DER SUCHE NACH GOTT

1.1 IN „HEILIGEN SCHRIFTEN"

Dies ist der Versuch zu zeigen, was zwischen Atheismus und Bibel bzw. Koran möglich erscheint. Gott wird nicht geleugnet, die Bibel gleichwohl nicht als brauchbare Basis für die Annäherung an Gott betrachtet. Dies gilt analog für den Koran und sämtliche sonstigen Schriften bestehender Religionen oder Sekten. Gleichwohl wird auf sie immer wieder zurückzukommen sein, da sie in den jeweiligen Religionsgemeinschaften großen Bekanntheitsgrad besitzen und hohe Ansprüche erheben. So liefert das AT den Juden und Christen eine Darstellung über den Ablauf der Schöpfung und der Erschaffung des Menschen, die von Gott das Bild eines fleißigen Handwerkers vermittelt, der sechs Tage lang unablässig wirkt, so dass er am siebten Tag dringend der Ruhe bedarf.

Eines seiner Geschöpfe, den Menschen nämlich, hat er als sein Ebenbild erschaffen. Dies ist ihm aber derart misslungen, dass er Adam und Eva wegen ihres mangelnden Gehorsams erzürnt aus dem zunächst für sie als Bleibe vorgesehenen Paradies vertreibt und auf der unwirtlichen Erde ansiedelt. Durch die Inzucht treibenden Adam und Eva entstehen diverse Völkerschaften, deren eine, nämlich die Israeliten, sucht er sich als sein Volk aus (oder war es vielleicht umgekehrt ?), weil es offenbar am wenigsten missraten ist und wenigstens für einzelne Volksstämme Aussicht auf dauerhafte Besserung besteht.

Damit jene, die es denn interessiert, wissen wo es lang geht, lässt er einem gewissen Moses ein paar beschriebene Steintafeln zukommen, deren Inhalt, die 10 Gebote, allgemein bekannt sind, während die Tafeln selbst trotz ihrer göttlichen Herkunft nicht sorgfältig genug aufbewahrt wurden und daher seit längerer Zeit unauffindbar sind. Dies ist zu bedauern, da sie abgesehen von ihrem ja bestens bekannten Inhalt der Wissenschaft wertvolle Hinweise auf Natur und Wesen Gottes liefern könnten, ja vielleicht noch seine Fingerabdrücke trügen. Welch eine vertane Gelegenheit, durch Materialproben und Altersbestimmung

Näheres über Gott zu erfahren - oder hat es die Tafeln vielleicht gar nicht gegeben? Andererseits wäre es diesen missratenen Geschöpfen Gottes zuzutrauen, dass sie zu all den übrigen Missetaten, auch noch seine höchst selbst beschrifteten wichtigen Tafeln einfach verschlampen. Wie dem auch sei, selbst bei genauester Beachtung aller Gebote besteht keine Aussicht der Missetat von Adam und vor allem Eva zu entkommen, die als erbliche Sünde kurz auch „Erbsünde" genannt nach der Vertreibung aus dem Paradies auf allen Menschen lastet, auch auf dem allerkleinsten Kind das schon verschied, bevor es noch einen sündigen Blick auf seine noch sündigere Umgebung werfen konnte.

Anstatt sich selbst, ob seiner missratenen Schöpfung zu grämen und Selbstkritik zu üben oder gar auf Nachbesserung zu sinnen, richtet sich der Zorn dieses Gottes gegen das, was ihm so sehr missraten ist, weil er sich in sieben Tagen einfach zu wenig um die Details gekümmert hat. Anstatt sich also selbst Vorwürfe zu machen, dass er sich bei der Erschaffung gerade seines Ebenbildes nicht einen Tag mehr Zeit genommen zu haben gestattete, ist er einfach böse auf das Ergebnis seines schöpferischen Wirkens. Obwohl erkennbar aussichtslos, greift er immer mal wieder in das Geschehen auf der Erde ein, lässt hier mal eine Frau zur Salzsäule erstarren und dort eine Sintflut genannte Überschwemmung auftreten, um die aus dem Ruder laufende Menschheit zu disziplinieren.

Dabei kümmert er sich überhaupt nicht die Bohne um seine eigenen Gebote, die er dem Moses mit der Bitte um Beachtung übergeben hat. Gleichwohl hat er nicht im Sinn, das ganze Gesindel, das sich inzwischen so auf der Erde herumtreibt, einfach auszulöschen, die Zeit bis Noah als Probelauf der Vorserie zu betrachten und nach der Überschwemmung oder Sintflut etwas Neues, Besseres anzusiedeln und dabei von der negativen Erfahrung seit Adam und Eva zu profitieren. Nein, er hält am unzulänglichen Geschöpf „Mensch" eisern fest (fällt ihm denn wirklich nichts Besseres ein?) und lässt daher den für gut befundenen Noah eine Arche bauen, die, so klein sie auch immer war, für ein Paar von allem was da kreuchte und fleuchte auf der Erde Platz und Nahrung bot. (Dies kann man als echtes Wunder Gottes betrachten!) Wenn also Noah rettungswürdig war, so rettungswürdig, dass er gegenüber einer völligen Neuschöpfung aus der Sicht Gottes die besser Alternative bot, so hätte man ihn und seine Nachkommen ja wenigstens die Erbsünde erlassen können. Aber nein, weit gefehlt, die wurde ja noch benötigt, als Grund, den eigenen Sohn zu opfern, ihn ans Kreuz nageln zu lassen, um so diejenigen zu erretten, die um des Glaubens willen bereit sind, darauf zu verzichten die Gottesgaben „Geist" und „Verstand" zu benutzen - doch dazu später.

Nach der Sache mit Noah hält sich Gott aus dem irdischen Geschehen etwas mehr heraus und begnügt sich damit, in regelmäßigen Abständen durch Propheten Botschaften übermitteln zu lassen und Ausblicke in die jeweilige Zukunft zu vermitteln. So geistert immer wieder die Botschaft von einem Erlöser, einem König, einem Messias = Christus durch Wort und Schrift. Aber eben von einem, dessen Aufgabe es, ist das Volk Gottes, die Israeliten oder Juden zu erlösen, ihnen das Reich Gottes zu vermitteln also ihnen eigentlich den ursprünglich vorgesehenen Lebensraum wiederzugeben, das Paradies nämlich, das Adam und Eva aus vergleichsweise nichtigem Anlass und ohne Bewährung weggenommen wurde. Gerechterweise hätte man schon Noah wenigstens probehalber wieder in die paradiesischen Rechte von Adam und Eva einsetzen müssen, aber dann hätte ja die Sache mit dem Sohn gar keinen Sinn mehr gehabt und so musste auch der an sich gute Noah draußen bleiben.

Wirklich kein schöner Zug und gewiss Anlass zu nachträglicher Beschwerde, die hiermit erhoben wird. Wie dem auch sei, wichtig ist, dass die Ungläubigen und Andersdenkenden erst einmal der ewigen Verdammnis anheim gegeben werden (wofür doch gleich? Ach ja, des Apfels wegen.) Also nur die Juden, das auserwählte Volk Gottes sollen von dem von den Juden auserwählten Gott errettet werden. Die anderen sollen sehen, wo sie bleiben, obwohl sie doch Opfer der gleichen Apfelaffäre sind. Oder waren sie am Ende gar nicht die Nachkommen von Adam und Eva und damit gar nicht betroffen? Klare Verhältnisse schafft hier - Gott sei's gedankt - der Apostel Paulus, doch dies erst viel später und deshalb dazu weiter hinten.

Zunächst wäre einmal unter die Lupe zu nehmen, was Gott jenen anbietet, die es mit der Einhaltung seiner Befehle und Gesetze möglichst genau nehmen. Ewiges Leben im Reich Gottes soll zu haben sein. Verbrieft ist nichts, man muss es eben glauben. Aber ist es denn so wünschenswert? Wird es uns nicht alsbald so ergehen wie jenem Münchner im Himmel von Karl Valentin, der binnen Kurzem die Nase gestrichen voll davon hat, ständig „Manna" zu essen und „Halleluja" zu singen? So lauert er denn auf die nächstbeste Gelegenheit zu einem Ausflug nach München und geht dort selbst sofort in den nächsten Bierkeller, wo er gründlich versackt und vergisst, die göttliche Botschaft zu überbringen, deren die bayerische Staatsregierung so dringend bedurft hätte und auf die sie deshalb noch immer vergeblich wartet - wie andere Regierungen übrigens überwiegend auch.

Nirgends wird so recht klar, ob das „Reich Gottes" mit dem guten alten Paradies von Adam und Eva identisch ist, von dem man immerhin durch die Bibel weiß, dass es reichlich mit Bäumen versehen, wenn nicht gar regelrecht bewaldet ist.

Ein ewiges Leben also als dürftig bekleideter Waldbewohner mit allerlei Früchten als Hauptnahrung - ein durchaus verlockendes Angebot für Anhänger der grünen Bewegung. Die meisten Leute, die ich kenne würden es allerdings „ätzend" finden, den Rest der Ewigkeit so zu verbringen. Denen sei gesagt, dass dies immer noch besser wäre, als in teuflischen Kochtöpfen zu schmoren und am Rande des Erstickens schwefelhaltige Dämpfe zu atmen.

Der schlaue Mohammed empfand den Mangel an Details der Ausgestaltung des Paradieses in der Bibel sehr wohl und so hat er im Koran kräftig nachgebessert und dem Paradies sieben Abteilungen verordnet, reichlich mit schönen Huri besetzt, mit schönen und willigen Damen also, die für reichlich Kurzweil sorgen und die Ewigkeit so um einiges erträglicher erscheinen lassen, als bei ständigem Manna-Essen und Halleluja-Singen. Ja, die Ausgestaltung gelang ihm so attraktiv, dass noch heute eine Vielzahl von Muslimen ganz wild darauf sind, sich in irgendwelchen möglichst „Heiligen Kriegen" umbringen zu lassen, um nur recht bald in den Genuss der verheißenen paradiesischen

Vergünstigungen zu gelangen. Auch ist es sehr beliebt sich zu diesem Zwecke mit Bomben in die Luft zu sprengen und dabei möglichst viele Un - oder Andersgläubige zu töten, die dann selbstredend in der Hölle zu schmoren haben und die dort selbst tätigen Teufel derart mit Arbeit überhäufen, dass sie kaum dazu kommen, sich der wenigen ehemals Rechtgläubigen zu widmen, die wegen irgendwelcher Verfehlungen ebenfalls in der Hölle gelandet sind.

Hätte Gott tatsächlich seinem Propheten Mohammed den Koran wort-wörtlich in die Feder diktiert, wie behauptet wird, so hätte er sich wohl kaum mit dem Angebot der „Huri" begnügt, sondern auch Autos und Fernseher nebst Internet einbezogen, deren spätere Bedeutung ihm allwissend, allweise und allmächtig, der er ist, natürlich im Jahre ca. 600 n.Chr. durchaus geläufig gewesen sein muss. Warum immer er es nicht getan hat, bleibt sein Geheimnis. Vielleicht hat er ja gar nichts getan. Jedenfalls führt dieses Versäumnis heute dazu, dass besonders gründliche Muslime dazu neigen Kino und Fernsehen am liebsten zu verbieten, um so ihre Glaubensgenossen vor unangenehmen Ent-zugserscheinungen im Paradies zu bewahren. Oder ist dies alles etwa zu materialistisch gedacht?

Indes, wer A sagt, muss auch B sagen. Wo Essen, Trinken und Frauen frei sind, da sollte einer doch nicht einige Ewigkeiten darauf verzichten müssen, die Spiele „seines" Fußballvereins im Fernsehen zu verfolgen oder wenigstens per Videotext Ergebnisse und Tabellenstand abzufra-gen. Auch sollte es möglich sein per „Feuerstuhl" oder „Heissem Ofen" oder halt eben nur mit dem Auto an der Ecke eine Packung Zigaretten zu holen - oder herrscht im Paradies gar Rauchverbot? Weder Bibel noch Koran machen hierzu irgendeine Aussage.

Vielen wird es auch schwer fallen, sich von ihren Waffen zu trennen, die im Paradies mit Sicherheit nicht getragen werden dürfen. Ein Brauch dessen Verwirklichung auf Erden noch weit dringlicher er-scheint, als die Erlassung eines allgemeinen Rauchverbots. Wir sehen, es ist also ziemlich ungewiss, ob es sich denn wirklich lohnt sich her-nieden krumm zu legen, alle Gebote und Regeln zu beachten, nur um dann eine Ewigkeit lang zur Rechten irgendeines langweiligen Heiligen zu sitzen, denn mehr wird ja für einen gewöhnlichen Sterblichen nicht drin sein. Der kann schon froh sein, wenn es ihm gelingt alle hunderttausend Jahre mal ein paar Worte mit Thomas von Aquin zu wechseln und sicher sind die besseren Plätze allesamt von jenen besetzt, die zu Lebzeiten einmal als Gottes Stellvertreter auf Erden gewirkt haben. Und dann der ganze Klerus aller Konfessionen aus allen Jahrhunderten und ohne Ausnahme sämtliche Zeugen Jehovas.

Da ist für unsereinen an ein Durchkommen ja gar nicht zu denken. Aber selbst wenn einer wollte, dann wäre es gar nicht so einfach, sich überhaupt Eintritt zu verschaffen. Andererseits heißt es ja auch wider, die Ersten werden die Letzten sein. Vielleicht also doch keine Stellvertreter und Zeugen Jehovas?

Nehmen wir einmal an, es interessierte sich einer nachhaltig für einen dauerhaften Aufenthalt im Reiche Gottes oder Paradies - und sei es auch nur um Schlimmeres zu vermeiden -, so wären dafür eine Vielzahl von Voraussetzungen zu erfüllen. Dazu gehört ein unerschütterlicher Glaube an das, was für den Gebrauch und als Glaubensanleitung für jeden einzelnen im „Glaubensbekenntnis" festgelegt und in der Regel schon in den Schulen oder diversen Kursen der Konfessionen auswendig zu lernen ist.

Die Kenntnis der 10 Gebote und deren Einhaltung sowie das „Vaterunser" gehören zu den Grundvoraussetzungen. Bezüglich dessen, was insgesamt zu glauben ist, haben es die Muslime am einfachsten. Da der gesamte Koran von Mohammed nur aufgeschrieben, von Allah aber wortwörtlich übermittelt wurde, ist alles zu glauben, was darin aufgeschrieben ist. Änderungen oder Korrekturen sind nicht möglich, auch wenn Gott sich heute über dies und jenes, was er seinerzeit dem Mohammed diktiert hat - in Anbetracht dessen, was daraus geworden ist - noch so sehr ärgern und grämen mag. Es gelingt ihm allenfalls, das eigene Werk hier und da durch geringfügige Auslegungsunterschiede zu beeinflussen.

Sosehr ihm auch an einer gründlichen Überarbeitung gelegen sein mag, mit dem Beharrungsvermögen seiner Gläubigen hat er nicht gerechnet. Man dürfte geradezu gespannt sein, was passierte, wenn er des Mordens in seinem Namen überdrüssig, den Mohammed mit einer modernisierten völlig überarbeiteten Ausgabe des Korans zu seinen Gläubigen schicken würde, es würde ihm vermutlich ebenso ergehen wie Jesus, sofern er heute im Vatikan auf der Wiederherstellung und Einhaltung seiner Glaubensgrundsätze bestehen würde.

Für beide eine ziemlich aussichtslose Situation, und es hat den An-schein, als hätte Gott dauerhaft nicht die Absicht, den einen oder den anderen oder gar Beide in eine peinliche Situation zu bringen, und er-neut auf die Erde zu schicken. Wer also den gesamten Koran aus-wendig kennt und tunlichst wenigstens eine Pilgerreise nach Mekka unternommen hat, der besitzt schon fast einen Rechtsanspruch auf einen Platz im Paradies.

.
Etwas schwerer, aber noch vergleichsweise einfach haben es die Ka-tholiken. Denen sagt ihr Priester, oder ihr Bischof oder ihr Erzbischof, ihr Kardinal oder der Papst, der bekanntlich unfehlbar ist, was sie zu glauben haben. Darüber hinaus können sie versuchen, sich des Bei-standes ungezählter Heiliger ihrer Kirche zu versichern.

Die Lektüre der Bibel ist nicht unbedingt erforderlich, ja von Fall zu Fall geradezu unerwünscht. Unter Beachtung aller Vorschriften, mit Hilfe aller Genannten und außerdem der Jungfrau Maria, des Heiligen Geistes und überdies der Gnade Gottes sollte ein Katholik seinen Platz im Paradies oder im Reiche Gottes sicher haben. Er muss dabei aller-dings - gelinde gesagt - einige Kröten schlucken.

So muss er beispielsweise glauben, dass beim Abendmahl tatsächlich Fleisch und Blut Jesu gereicht wird, was ein Akt des Kannibalismus wäre. Er muss an eine „Jungfrau" glauben, die ursprünglich eine „junge Frau" war und durch einen in frühester Zeit begangenen Überset-zungsfehler zur Jungfrau wurde. Er muss an die „unbefleckte" Emp-fängnis der so zur Jungfrau gewordenen jungen Frau glauben. Er muss ferner verarbeiten, dass deren Sohn Jesus von König David ab-stammt. Dafür stehen zwei verschiedene Stammbäume, von denen, - wenn überhaupt -, nur einer richtig sein konnte. Sie belegen die Verbindung zwischen seinem Vater Josef und König David, sind letztlich aber ganz und gar überflüssig, weil eben jener Josef an der Zeugung des Kindes Jesus wegen „unbefleckter Empfängnis" gar nicht beteiligt war. Dies vor allem, um sicherzustellen, dass Jesus nicht Sohn Josefs, sondern Sohn Gottes war. Am Rande sei darauf hingewiesen, dass er wegen der nicht geleugneten Mitwirkung der Maria höchstens ein Halbgott war, von denen es in der griechischen Götterwelt jener Zeit geradezu wimmelt. Die Zahl weiterer Glaubenshürden lässt sich noch fast beliebig vermehren.

All dies lässt den Schluss zu, dass Katholiken, die ihren Geist und Verstand benutzen und darob zu abweichenden Ergebnissen von Katholischen Glaubensnormen kommen, im Himmel kaum anzutreffen sein werden - es sei denn, dort gelten doch andere Richtlinien als jene der katholischen Kirche.

Schwerer haben es die Protestanten. Bar jeder Heiligen ohne Jungfrau Maria und den Papst lediglich mit Hilfe ihres Pfarrers und AT und NT müssen sie sich auf die Suche nach dem Weg begeben, der sie ins Paradies führen könnte.

Keine Dogmen, keine Vergebung von Sünde gegen Beichte. Jeder kann die Bibel lesen und verstehen wie er will. Ein weites Feld der Betätigung für Sektengründer aller Art, die Halt, Sicherheit und Bestätigung anbieten. Häufig und gerne angenommen von jenen, denen die Bibel - insbesondere das NT - mehr Fragen als Antworten bietet.

Was ist echt, was falsch? Was ist in all den Jahren, bevor Luther seine Übersetzung vornehmen konnte, mit den Texten geschehen, die von der katholischen Kirche verwaltet wurden? Hat man da nicht in einem Evangelium einen Fels eingefügt, auf den einer eine Kirche gründen konnte, obwohl Jesus niemals vorhatte eine Kirche zu gründen? Er sah ja dafür keine Notwendigkeit, da er überzeugt war die Herbeikunft des Reiches Gottes zu erleben!

Aber abgesehen von Fälschungen aus den unterschiedlichsten Gründen, auch das, was echt sein mag, ist dürftig genug. Klar ist jedenfalls,

dass die Juden aufgrund vielfältiger Prophezeiungen, die im AT nach-
zulesen sind, die Hoffnung hegten, Gott werde einen Erlöser schicken,
der sein Volk - und auch nur dieses - in sein Reich überführen oder
doch von irdischer Mühsal befreien werde.

Dieser Erlöser wurde griechisch „Messias", lateinisch „Christus" genannt jeweils also die gleiche Bezeichnung einer Gestalt in nur eben
unterschiedlichen Sprachen, eine Tatsache, die den meisten Leute
unbekannt ist. Nochmals mit anderen Worten: Messias oder Christus
ist also so etwas wie ein Titel und nicht etwa der Familienname eines
der mit Vornamen Jesus heißt.

Woran dieser Christus allerdings genau zu erkennen sei finden sich im
AT durchweg unterschiedliche Hinweise (z.B. sollte er Immanuel heißen) und so war es denn auch schwierig ihn ausfindig zu machen.
Während die Christen der Meinung sind, das Ereignis habe bereits
stattgefunden, warten die Juden immer noch darauf und die Muslime
lassen sich diesbezüglich auf gar keine Spekulationen ein. Der Messias der Christen ist für sie nur einer in der Reihe der Propheten.

Da scheiden sich also die Geister ganz gewaltig. Was wir wissen ist,
dass der nach Ansicht der Christen bereits erschienene Christus wohl
lesen und schreiben konnte, aber keinerlei eigene Aufzeichnungen
hinterlassen hat. Nicht nur dies, er hatte auch keinen in seinem Gefolge, der Tagebuch geführt hätte. Die frühesten Aufzeichnungen stam-
men von Leuten, die ihn nicht persönlich kannten, sind erst karg (Mar-
kus), wurden abgeschrieben und dabei immer mehr ausgeschmückt
und angereichert mit Wundern und bedeutenden Ereignissen von denen der bedeutendste Geschichtsschreiber des Geschehens im jüdischen Raum, ein gewisser Josephus Flavius überhaupt nichts bemerkt
hat.

Das eigentlich weniger spektakuläre Wirken Johannes des Täufers hat
er immerhin wahrgenommen, den Christus mit Namen Jesus angeblich
Gottes Sohn höchstselbst, hat er nicht bemerkt und auch sonst keiner
außerhalb des kleinen Kreises seiner damaligen Anhänger.

Laut Matthäus 15, 24 betrachtete Jesus es als seine Aufgabe „die verlorenen Schafe aus dem Hause Israel" auf den rechten Weg zu führen, und er befahl seinen Jüngern „gehet nicht auf der Heiden Straße" (Matthäus 10, 5). Die also im Mittelpunkt seiner Bemühungen standen, die Juden nämlich, interessierten sich aber herzlich wenig für ihn. Wie H. v. Glasenapp in seinem höchst lesenswerten Buch „Die fünf Weltreligionen" schreibt (a. a. O. S. 210) wäre die junge Gemeinde der Anhänger Jesu eine jüdische Sekte geblieben, hätte nicht Paulus aus ihrem Glauben eine selbständige, vom Judentum scharf unterschiedene Weltreligion gemacht, nämlich das Christentum.

Paulus, selbst ein Jude wie Jesus auch, hat die Logik des AT, dass nämlich nur Gottes Volk der Juden erlösungswürdig sei, einfach über Bord geworfen und kurzerhand alle übrigen Erdenmenschen für erlösungswürdig und erlösungsfähig erklärt, wenn sie denn nur bereit wären, das Richtige zu glauben und zu tun. Im Gegensatz zu Jesus ein fleißiger Schreiber, hat sich Paulus in zahlreichen Schriften - vor allem in seinen Briefen - recht umfänglich dazu geäußert, worin richtiger Glaube und richtiges Tun bestehen sollten.

Woher er dies wusste bleibt sein Geheimnis, denn er war weder ein Jünger Jesu, noch hat er diesen überhaupt persönlich kennen gelernt. Er der nach eigenem Bekunden durch eine göttliche Erscheinung vom Saulus zum Paulus wurde hat also in letzter Sekunde auf den richtigen Weg gebracht, was Jesus alleine ganz offenkundig misslungen wäre.

Da schickt Gott auf höchst umständliche Weise seinen eigenen Sohn, der kläglich scheitert, um sich letztendlich des Paulus bedienen zu müssen, um seine Sache, die schon gescheitert war, doch noch zum Erfolg zu führen. Ist der Gott, dem man zutraut, dies alles so geplant und durchgeführt zu haben nicht etwa ziemlich verkannt? Bedurfte es zur Errettung der missratenen Menschheit tatsächlich einer derart umständlichen Vorgehensweise? Es hätte doch eine einfache Generalamnestie genügt, um endlich die leidige Geschichte mit Eva und dem Apfel sowie aller sonstigen Missetaten danach, ein für allemal aus der Welt zu schaffen.

Nachdem die Steintafeln, dem Moses vor Zeiten übergeben, offensichtlich nicht detailliert genug gewesen waren, (was Gott ja eigentlich hätte voraussehen müssen), wäre es doch kein Problem gewesen, die „Magna Charta", den „Code Napoleon" oder das Bürgerliche Gesetzbuch in Verbindung mit dem Strafgesetzbuch in dauerhaften Einbänden einigen Vertrauensleuten an Hand zu geben und diese zu vergattern, dass ab sofort Ruhe zu herrschen habe. Je umständlicher und komplizierter alles daherkommt, um so göttlicher erscheint es den Gläubigen. Je unwahrscheinlicher, ja unsinniger die dargestellten angeblich verbrieft authentischen Geschehnisse sind, desto mehr wird das Glaubenspotential gefordert, desto größer wird die Glaubensleistung all jener, die dieses für bare Münze nehmen. Nehmen wir einmal jenen Kreuzestod Jesu. Wer immer er war, ob Messias/Christus ob Gottes Sohn oder einfach ein guter Mensch mit Idealen, er wurde auf scheußliche Weise sinnlos umgebracht. Warum sinnlos?

1. Wie bereits erwähnt, ein Sündenerlass hätte auch auf andere Weise erfolgen können. Ich hatte schon zuvor von der Möglichkeit einer Amnestie in Verbindung mit Wohltaten bei Wohlverhalten gesprochen.

2. Ein Gnadenerweis durch Opfer des eigenen Sohnes? Da nehmen doch die Fragen gar kein Ende mehr. Hat sich Gott vielleicht endlich seiner missratenen Schöpfung so sehr geschämt, dass er dachte einen eigenen Beitrag zur Besserung leisten zu sollen? Einer, der allmächtig ist kann doch so wohl kein Opfer bringen! Einmal mit dem Finger geschnippt und mit oder ohne Jungfrau Maria stehen alle Söhne des Universums in Reih und Glied einer so schön und so gut wie der andere. Sollte das nicht möglich sein, dann wäre an der Allmacht zu zweifeln. Dies aber liegt mir besonders fern, denn von der Allmacht Gottes gehe ich unbedingt aus, und sie wird weiter hinten noch eine wichtige Rolle spielen. Dies aber heißt das Opfer war gar keines.

3. Aus der Sicht des Sohnes, wäre der Tod nicht wirklich bedeutsam gewesen oder wenn, dann eher im positiven Sinn: je früher er erfolgte desto schneller konnte er wieder in der angestammten göttlichen Umgebung in der Nähe seines Vaters weilen. Zweifellos angenehmer, als weitere Zeit in der Umgebung überwiegend uneinsichtiger Leute zu

verbringen. Also auch kein Opfer des Sohnes, denn kraft seiner göttlichen Fähigkeiten war und ist es ihm jederzeit möglich unter jenen Menschen zu weilen, die ihm etwas bedeuten.

4. Für einen Gott, der allweise ist - und auch auf diese Eigenschaft lege ich allergrößten Wert - war der Tod keine Überraschung. Es war entweder in allen Details so gewollt, oder er hat mit Gott gar nichts zu tun. Wenn er so gewollt war, dann ist es unfair, die Ausführenden in einem Rollenspiel z.B. die Juden für schuldig zu erklären. Gott selbst hat diesen Tod zumindest billigend in Kauf genommen und wäre nach heute geltendem Recht der „unterlassenen Hilfeleistung" zu zeihen!

5. Um eine Auferstehung vorzuführen, hätte ein weit weniger grausamen Tod völlig genügt. Ein beispielhaftes Sterben, um allen Menschen vorzuführen, wie Gott sich menschliches Sterben vorstellt: in Ruhe und Frieden in Würde und vor allem ohne jede Anwendung von Gewalt, um dann vor den Augen jener, die es sehen sollten zu entschweben. Auf diese Weise hätte viel Unheil und Unrecht vermieden werden können, das infolge des spektakulären Todes vor allem den Juden zu allen Zeiten und bis heute zugefügt wurde und wird. Ich vermag die Auffassung jener nicht zu teilen, die meinen all dies könne den Glauben an Gott bestärken und festigen. Ich empfinde eher das Gegenteil, das alles passt zu wenig zusammen, um guten Gewissens geglaubt werden zu dürfen.

6. War Jesus Gottes Sohn, dann war er selbst Gott oder wegen der berichteten Mitwirkung der Maria wenigstens ein Halbgott. Die am wenigsten bestrittene Eigenschaft eines Gottes ist aber jene der Unsterblichkeit. Wenn einer gestorben ist, dann kann es nur ein Mensch gewesen sein. Dies ist natürlich auch schon anderen aufgefallen, die um das Problem zu lösen, von Jesus als „wirklichem Gott" und wirklichen Menschensohn sprechen, was letztlich aber nicht weiterhilft. Der Tod des Menschen Jesu macht keinen Sinn, und der Tod eines Gottes kann per Definition nicht stattgefunden haben.

Wenn ein Gott, der sich vorübergehend in einer menschlichen Hülle aufhält, nach Absterben derselben dorthin zurückkehrt wohin er gehört, so ist dies ein ziemlich normaler Vorgang, sofern man es als normal ansieht, dass ein Gott sich überhaupt in eine menschliche Hülle begibt. Selbst wenn dieser Gott, aus welchen Gründen auch immer, seine menschliche Hülle mitnimmt, so ist daran nichts außergewöhnliches.

Außergewöhnlich wäre freilich die Auferstehung eines Menschen, aber nur eines Menschen ohne Doppelfunktion. Eines Menschen also ohne die göttlichen Eigenschaften von Allmacht, Allwissenheit und Unsterblichkeit, dafür kann Jesus aber wegen der ihm zugeschriebenen Doppelfunktion kein Beispiel sein. Ein Streit über Auferstehung oder Nichtauferstehung erübrigt sich also völlig. Ob sie wie im NT berichtet oder anders oder gar nicht stattgefunden hat, ändert nichts an der Sinnlosigkeit der ganzen Geschichte.

Eine wichtige Eigenschaft Gottes wird bei all dem, was ihm seit Jahrhunderten zugeschrieben wird deutlich: er ist nicht nur Allmächtig, allwissend und allweise, er ist auch allgeduldig, sonst wäre ihm bei all dem Unsinn, den ihm seine Geschöpfe nachsagen, längst der Kragen geplatzt.

Was hat Jesus nun eigentlich bewirkt? Wenn er der Messias war, dann hat er jedenfalls den Juden nicht geholfen! Sie hat er nicht erlöst, wie es eigentlich seine Aufgabe gewesen wäre. Die Juden haben ihn offenbar zu Lebzeiten kaum wahrgenommen und sind aus sicherlich guten Gründen auch nachträglich nicht bereit in ihm ihren Messias oder Christus zu sehen. Das aber tun andere, für die ein solcher Messias im AT gar nicht vorgesehen war. Der war für die Heiden auch gar nicht nötig, denn die lebten glücklich und zufrieden mit ihren jeweiligen Göttern und waren sich keiner Schuld und schon gar keiner „Erbsünde" bewusst.

Wie schon erwähnt, hatte Jesus mit denen gar nichts im Sinn. Schon gar nicht, wenn er sich tatsächlich als Messias betrachtet haben sollte. Dann wusste er nämlich, dass für die Heiden gar kein Messias gebraucht wurde. Deren Bedarf musste erst geweckt werden. Dies hat aber nicht Jesus, sondern der selbsternannte Apostel Paulus unternommen. Nimmt man sein Programm, das vielleicht am besten in der

„Bergpredigt" (Matthäus 5-7) wiedergegeben ist, so ist anzumerken, dass man davon ausgeht, dass diese Predigt so nicht gehalten wurde, sondern von Matthäus verfasst und nur in dem nach ihm benannten Evangelium wiedergegeben wird.

All die dort verzeichneten Programmpunkte haben nicht verhindert, dass Menschen sich gegenseitig umbringen, vorzugsweise sogar im Namen Gottes. Unter der Einwirkung des Christentums haben im Laufe der Jahrhunderte mehr Menschen ihr Leben verloren, mehr Menschen wurden in Todesnöte gestürzt als aus solchen errettet! Nichts, was Jesus getan oder hinterlassen hat, war gut genug, um das Morden z.B. in der Zeit der Inquisition zu verhindern.

Wo ist das engagierte Eintreten gegen Krieg und Gewalt? Nirgendwo lesen wir von gewaltfreien Sitzblockaden durch Jesus und seine Anhänger z.B. vor römischen Kasernen und Waffenkammern, nichts über den richtigen Umgang mit der Umwelt und die Bewahrung der Schöpfung. Wie glaubwürdig ist der Aufruf, den Nächsten zu lieben wie sich selbst, ohne schärfste Verurteilung der Sklaverei?

Wer zur Friedfertigkeit aufruft und ermahnt, kann doch nicht glaubwürdig sein, wenn er sich nicht scheut, im Zorn die Tische der Händler im Tempelbereich umzustürzen (Matthäus 21,12). Und darüber hinaus: sollen wir denn wirklich glauben müssen, dass dieser erhabene Schöpfer des Universums, Gott nämlich, sich durch ein paar armselige Tempelhändler ernstlich gestört fühlt? Wer so handelt und dieses suggeriert, kann doch unmöglich Gottes Sohn sein. Eine so kleinliche, kleinmütige Denk- und Handelsweise ist doch typisch menschlich. Ich jedenfalls weigere mich, mir Gott als einen bürokratischen Pedanten vorzustellen.

Warum hat Jesus, anstatt nutzlose Wunder zu vollbringen, seine Zeitgenossen nicht über die Beschaffenheit von Gottes Universum aufgeklärt? Wer, wenn nicht er, hätte denn wissen können, dass die Erde eine Kugel und keine Scheibe ist, sich um die Sonne dreht und nicht umgekehrt usw. usw. in all dem: Fehlanzeige. Jesus konnte lesen, hat aber keine Schriften hinterlassen, er hat kein Programm vertreten, das nicht auch schon andere vor ihm vertreten haben, er hat vieles ausgelassen, was dringend hätte aufgenommen werden müssen er hat es an Entschiedenheit und Entschlossenheit fehlen lassen.

Er hat nicht dazu beigetragen, das Wissen über Gottes Schöpfung zu erweitern. Es erscheint schwer verständlich, wie es tatsächlich über die Zeiten hinweg zu der faktischen Vergöttlichung und Überhöhung seiner Person kommen konnte. Wie wäre es denn mit einer vernünftigen Aufgabenverteilung unter den Jüngern gewesen, Zuständigkeit in Sachfragen, für Organisation, Protokollführung, Anhängerwerbung usf. usf.. Statt in Einzelfällen diesen oder jenen Kranken zu heilen oder Tote aufzuerwecken, wäre es doch kraft göttlicher Einsicht und Weisheit ein leichtes gewesen, ein vorbildliches Gesundheitswesen zu konzipieren, anstatt an Einzelfällen herumzukurieren.

Selbst in diesen Fällen wurde auf eine Erfolgskontrolle verzichtet, es ist völlig unbekannt, wie lange die Gesundheit der Betroffenen vorhielt oder wie lange die Wiedererweckten am Leben geblieben sind. Ob Minuten, Stunden oder Tage oder mehr. Ein wirkliches Wunder wäre, wenn einer noch heute am Leben wäre. Für einen Gott durchaus machbar. Wer mit fünf - sieben Broten 4.000 - 5.000 Menschen sattmachen kann (Matth. 15, 35-37 oder Matth. 14, 19 - 21), der könnte doch auch ein etwas dauerhafteres Wunder vollbringen und vor allem nachprüfbar. Das Wesen von Wundern ist, dass sie nicht nachprüfbar sein dürfen.

An Wundern ist die Glaubensleistung zu messen. Je unglaublicher das Wunder, das ein Glaubender zu glauben vermag, desto höher ist seine Glaubensleistung. Etwas zu glauben, was erwiesenermaßen falsch ist, bezeichne ich zurückhaltend als „negative Verstandesleistung". Es gibt das Parkinsonsche Gesetz, Murphy's Gesetz, das Peter Prinzip, die vorstehende von mir formulierte Gesetzmäßigkeit über die Glaubensleistung erlaube ich mir Bernie's Gesetz zu nennen.

Zum Thema „Menschenrechte" finden sich in der Bergpredigt Ansätze, die aber bei weitem nicht genügend ausformuliert sind, so dass sie nun fast zwei Jahrtausende lang mit den Füßen getreten werden konnten ohne dass sich irgend jemand allzusehr darüber aufgeregt hätte.

Um Gleichberechtigung der Frauen scheint Jesus sich bemüht zu haben, allerdings mit durchweg bescheidenem Resultat – hat er doch versäumt, Frauen in den Kreis seiner Jünger aufzunehmen! Schon die Protestanten tun sich schwer eine Bischöfin zu akzeptieren. Eine Päpstin als Oberhaupt der katholischen Kirche ist wohl genauso unwahrscheinlich wie das Ende der Ewigkeit. So befasst sich denn mit den Fragen der Familienplanung und vor allem der Empfängnisverhütung eine Kirchenobrigkeit, die nur aus Büchern, Film und Fernsehen wissen kann, worum es dabei geht. Auch daraus wird deutlich, dass Jesus es hierzu an klaren Aussagen hat fehlen lassen.

Der Abgeordnete des Himmels mit der göttlichen Botschaft hält es wohl so, wie sein Münchner Kollege, er hat eine römische Trattoria aufgesucht, diese nicht wieder verlassen und so wartet der Stellvertreter im Vatikan vergeblich auf eine verbindliche Entscheidung seines Chefs. An dieser Stelle sei übrigens angemerkt, dass man gelegentlich durchaus den Eindruck gewinnt, der Stellvertreter verhalte sich inzwischen so, als sei er selbst der Chef, wie selbstverständlich davon ausgehend, dass dieser sich wie bisher auch schon weiterhin nicht zu Wort meldet, um diesen oder jenen Fehler des Stellvertreters zu berichtigen.

Alles in allem zeigt sich, dass die Glaubensleistung der Protestanten am meisten gefordert wird, da ihnen niemand die beim Selbststudium zum Versuch der Wahrheitsfindung auftretenden Zweifel abnimmt, ihren Verstand abschaltet und ihnen verbindlich verordnet, was sie zu glauben haben. Wie soll doch der Pastor Thielicke aus Hamburg gesagt haben: Glauben heißt ja nicht, den Denkapparat abstellen (Rud. Augstein, Jesus Menschensohn S. 10).

Richtig, das heißt es in der Tat nicht. Wenn man ihn denn aber nicht abstellen will, dann sollte man ihn mit individuell verschiedener, aber höchstmöglicher Leistungsfähigkeit einsetzen und keine Frage ausklammern, keine Ungereimtheit übersehen, keinen Mangel unaufgedeckt lassen. Der hauptsächliche Mangel besteht doch darin, dass die große Mehrheit derer, die sich Christen nennen, gar nicht wissen wozu und warum. Sie lernen Glaubensbekenntnisse, das Vaterunser und jede Menge Gesangbuchverse in ihrer Jugend auswendig, kommen aber kaum je auf die Idee, ihr tägliches Leben danach auszurichten. Taufe, Kommunion/Firmung, Konfirmation, Eheschließung sind Angebote der Kirchen zu individuellen Festen, das Christentum soll nahegebracht werden, der Glaube bekannt. In Praxi interessieren die Geschenke, das Festessen, die Kleidung der Festgäste und vielleicht die Gelegenheit, sich nach längerer Zeit wieder einmal in größerer Runde zusammenzufinden und zu reden.

Irgendwann, wenn denn das letzte Stündchen herannaht, dann entschließen sich viele, doch noch als gute Menschen, gar Christen, zu sterben. Pfarrer und Priester haben da so ihre „last-minute" - Angebote. Nützt es nichts, dann kann es ja auch nicht schaden, werden sich die alten Leute wohl sagen und glücklich, wer einer Kirche angehört, die sogar Sünden erlassen kann! Solchermaßen gestärkt, lässt sich getrost die lange Reise antreten. Ob der ausgestellte Freibrief allerdings von höherer Stelle tatsächlich anerkannt wird und welche Vergünstigungen den Betroffenen eventuell eingeräumt werden, darüber hat noch keiner berichtet.

Doch zurück zu den grundsätzlichen Fragen. Eine davon ist, welche Rückschlüsse sich weiterhin in Bezug auf Gott ziehen lassen. Da ist zum Beispiel die Behauptung in der Bibel, Gott habe bei der Erschaffung des Menschen ein Ebenbild seiner selbst im Sinn gehabt und ihn danach gestaltet. Dies ist entweder - wie schon mehrfach erwähnt - gründlich danebengegangen, oder aber bei denjenigen, die dies einmal festgehalten haben, war doch eher der Wunsch der Vater des Gedankens. Die Verfasser der Heiligen Schriften haben in der Hoffnung, Gott werde schon dafür sorgen, dass sie nicht allzu sehr daneben liegen, einfach sich und ihresgleichen zum Vorbild für ihre Vorstellung von Gott genommen.

Nicht Gott hat den Menschen nach seinem Bild erschaffen, nein der Mensch hat sein Gottesbild an sich selbst orientiert. Er hat sich eine Vorstellung von Gott im Laufe der Gezeiten zurechtgezimmert. Dabei ist ein Gott herausgekommen, der so ziemlich alle menschlichen Züge trägt, aber wahrhaft allgeduldig sein muss, um zu ertragen, was ihm da alles in die Schuhe geschoben wird und wofür er herhalten muss.

Dieses Gottesbild, einmal fixiert, scheint nahezu unwandelbar. Trotz der offenkundigen Unzulänglichkeit dessen, was da im Laufe der Jahrhunderte zurechtgezimmert wurde, hat sich kaum jemand ernsthaft bemüht, den Dingen auf den Grund zu gehen und Korrekturen vorzunehmen, wo diese nötig und möglich sind.

Die Erkenntnis, dass Gott unmöglich so sein könne, wie dies von Alters her behauptet wird, hat viel zu viele Menschen dazu veranlasst, seine Existenz gar ganz zu leugnen, was auch wieder typisch menschlich, aber meiner Meinung nach gleichermaßen unzutreffend ist. Niemand würde doch auf die Idee kommen heute Kleidung, Fahrzeuge, Werkzeuge oder was auch immer zu benutzen, die vor Tausenden von Jahren einmal dem neuesten Wissensstand entsprachen, heutzutage aber für jedermann erkennbar heillos veraltet sind.

Das Gottesbild das diesem im wahrsten Sinne des Wortes „vorsintflutlichen" Wissenstand entsprach, wird aber auf ewig konserviert, da Gott ja ewig und unsterblich ist, sich angeblich vielfach geoffenbart hat und damit dauerhaft erkannt werden kann. Einmal begangene Fehler bezüglich der Vorstellung von Gott, sind offenbar nicht mehr zu beseitigen. Die Menschheit, die schon in der Lage war, sich von ganzen griechischen und römischen Götterwelten zugunsten des einen allmächtigen und allweisen und allgeduldigen Gottes zu verabschieden, scheint nicht in der Lage zu sein, einen längst fälligen Schritt zu tun, um Gott näher zu kommen.

Sollen wir tatsächlich an einen Gott glauben müssen, der sich den Beschreibungen nach zu urteilen, darin gefällt wie ein Dompteur sich unablässig zu bemühen, seinen Geschöpfen beizubringen, sich anders zu verhalten, als er selbst sie erschaffen hat. Ein Gott, der damit ganz offensichtlich weniger Erfolg hat, als ein richtiger Dompteur, der im Zirkus Elefanten, Löwen, Tiger und was auch sonst noch, immerhin mit ganz passablen Erfolg ebenfalls dazu bringt Dinge zu tun, die ihrem

Wesen nicht entsprechen. Und dies mit dem Unterschied, dass der Dompteur im Zirkus seine Elefanten und Tiger mitnichten selbst erschaffen hat.

Das wichtigste Anliegen dieses Gottes scheint Gehorsam bei der Einhaltung seiner Gebote und permanente, devote Verehrung zu sein. Sein Wohlwollen kann am besten erreichen - vor allem dem Koran folgend - wer sich bei möglichst jedem Gedanken und jedem Atemzug darüber im klaren ist, dass Allah ihn permanent scharf beobachtet, jede Abweichung von seinem vorgegebenen Normen registriert und in Windeseile berechnet, ob Wohltaten oder Übeltaten überwiegen.

Sodann wird mit buchhalterischer Genauigkeit sortiert, wer die Himmel bevölkert, da seine Leistungsbilanz positiv ist, wer zwischen Himmel und Hölle zu warten hat, da seine Bilanz ausgeglichen ist und wer schließlich auf ewig Höllenstrafen zu erleiden hat, da seine Bilanz negativ ausfällt. Dies Schicksal wird vorzugsweise Ungläubigen zuteil. Eine Berufungsinstanz ist nicht vorgesehen, Verhandlungen finden offenbar nicht statt. Indes wird betont, Allah sei barmherzig.

Diese Eigenschaft musste sich der Gott des AT erst mühsam erarbeiten. Seine Behandlung des Falles „Eva" ist unter Beachtung einfachster rechtsstaatlicher Grundsätze skandalös. Da wird ein einfacher Verstoß gegen die Paradiesordnung - allenfalls tauglich für eine Verwarnung, schlimmstenfalls mit Bußgeld zu bestrafen - mit einer völlig unverhältnismäßigen Strafe belegt, die auch noch Auswirkungen auf das gesamte Menschengeschlecht hat.

Weder Einspruch noch Widerspruch sind zulässig, keine Berufungsinstanzen - jeder Asylant wird in Deutschland gerechter von Menschen behandelt! Gott allen Ernstes solches Verhalten zuzuschreiben und ihm auch zuzutrauen, ist in meinen Augen ein Akt der Gotteslästerung. Dies ist wohl auch Mohammed bewusst gewesen. Zwar hat er die Vertreibung aus dem Paradies bestätigt, jedoch wenigstens darauf verzichtet, die gesamte Menschheit dauerhaft mit der daraus abgeleiteten „Erbsünde" zu belasten (Glasenapp a.a.O. S. 323) Alles in allem unterscheidet sich Allah nur in Nuancen vom Gott der Juden oder der

Christen, die sich allerdings - von Mohammed scharf kritisiert, - unter Aufgabe der jüdischen Sichtweise Gott als eine Dreieinigkeit von Gott, Gottes Sohn Jesus und dem Heiligen Geist haben einfallen lassen. Ein Konstrukt dessen Sinn nur schwer einzusehen ist. Bernis Gesetz über Glaubensleistung ist analog anwendbar.

So gesehen erscheint die Rückkehr des Mohammed zur Gottesvorstellung der Juden eher ein Fortschritt denn ein Rückschritt zu sein. Ob aber Allah oder Dreieinigkeit oder Jahwe der Gott der Juden, allen ist gemeinsam, dass sie besonderen Wert legen auf Gehorsam, Unterwerfung, Demut, Anbetung und den Glauben an alles, wovon behauptet wird, es sei irgendwem irgendwann (von Moses bis Mohammed) als „Willen Gottes" geoffenbart worden. Kein Zweifel, es handelt sich jedoch um den gleichen Gott, dem es zu gefallen scheint, seine Anhänger (unter jeweils anderem Namen faktisch dem gleichen Herrn dienend) gegeneinander aufzuhetzen und mit allerlei Spitzfindigkeiten und Unterschieden in nebensächlichen Details bis aufs Blut zu reizen. Dabei lässt er es sogar zu, dass diese ihn verehrenden Menschen sich in seinem Namen mit größtem Vergnügen gegenseitig umbringen, obwohl er dies in den dem Moses übergebenen Geboten ausdrücklich strengstens untersagt hat. In Geboten - wohlgemerkt, die von allen drei Religionen gleichermaßen anerkannt und dennoch mit großer Inbrunst missachtet werden.

Was für ein Gott, der eine dusslige aber keinesfalls böswillige Eva wegen eines lächerlichen Verstoßes, der keinerlei Schaden verursacht hat, aus dem Paradies vertreibt? (rechtliche Bedenken hierzu vorstehend!) gegen Kriegstreiberei, Mord und Totschlag von Heiligen Kriegen über Kreuzzüge, Inquisition, Holocaust bis Afghanistan, Jugoslawien, Tschetschenien und Ruanda nicht die geringsten Maßnahmen ergreift. Schöpfung betr. „Mensch" missraten, Gott hilflos - oder was?

Dabei ist die Sache eigentlich ganz einfach, wenigstens für die Muslime, die über eine klare Klassifikation dessen verfügen, was zu tun ist. Ich zitiere an dieser Stelle wörtlich aus dem Buch „Die fünf Weltreligionen" von Hellmuth von Glasenapp (Eugen Diederichs Verlag München

1963, 1991 Lizenzausgabe für die Bertelsmann Club GmbH, Güters-loh) S. 326 die Pflichtenlehre:

„Nach islamischer Anschauung zerfallen die möglichen Handlungen der Menschen in fünf Gruppen. Diese sind:

1. Das Gebotene, dessen Unterlassung bestraft wird.
2. Das Verdienstliche, dessen Ausführung belohnt, dessen Unterlassung nicht bestraft wird
3. Das Verbotene, dessen Tun bestraft wird.
4. Das Missbilligte, dessen Unterlassung belohnt, dessen Übung aber nicht bestraft wird.
5. Das Gleichgültige, das weder belohnt, noch bestraft wird."

Ein ziemlich klarer Fahrplan, einfach und übersichtlich, damit müsste eigentlich alles in geregelten Bahnen laufen. Indes, auch hier ge-schieht, was allerorten zu beobachten ist, und wozu einige Ausführun-gen zu machen sind: Glasenapp fährt nämlich fort: „Über die Klassifi-kation der Handlungen unter diese Rubriken bestehen in Einzelheiten Differenzen unter den Gelehrten der Rechtsschulen." Obwohl also dem Mohammed alles höchstselbst geoffenbart wurde, bestehen gleichwohl Unklarheiten, unterschiedliche Auffassungen, Meinungsverschieden-heiten, reichlich Anlass, sich notfalls - im Namen Gottes versteht sich - an den Kragen zu gehen. So er denn tatsächlich dem Mohammed die neueste Version seiner Selbstdarstellung und seiner zu beachtenden Gebote geoffenbart hat, so ist völlig unverständlich, warum wieder einmal nicht alles klar genug ausgefallen ist. Außerdem hätte Gott ei-nen Hinweis darauf geben sollen, dass seine früheren Offenbarungen gegenüber Juden und später gegenüber Christen seinem jeweiligen Kenntnisstand und Gemütslage entsprachen.

Wenn diese also auch nach Mohammed noch immer ihren überholten Glaubensmodellen anhängen, die ja irgendwann wegen Offenbarung richtig gewesen sein müssen, so verdienen sie allenfalls Mitleid und Mitgefühl von Seiten der neuen „Rechtgläubigen". Keinesfalls können und dürfen sie als „Ungläubige" eingestuft und verfolgt, sondern höchstens als Gläubige im Zustand minderer Aufgeklärtheit betrachtet werden. Mohammed hätte Allah im Zuge der Überlassung der Offenba-rungen unbedingt darauf hinweisen müssen, den Juden und Christen gleichzeitig gleichlautende Botschaften zukommen zu lassen, wonach er, Allah, seinen Sinn geändert habe und Juden wie Christen ihren jeweils alten Glauben an den Nagel hängen und sich zum Islam bekeh-ren sollten. Mohammed hätte unbedingt erkennen müssen, dass die ihm von Allah übertragene Legitimation nicht ausreichen würde, Ent-sprechendes zu veranlassen.

Die Juden wie die Christen beharren bis heute so natürlich auf den ihnen schon früher zugegangenen Offenbarungen, die ja zu keiner Zeit ordnungsgemäß aufgekündigt wurden. Durch dieses Versäumnis trägt Mohammed zweifellos die Mitschuld an dem ganzen bis heute nach-wirkenden Durcheinander betreffend Juden, Christen und Muslime und deren Verhältnis zueinander.

Was an Leid hätte der Menschheit erspart werden können, sofern man die Dinge seinerzeit korrekt angepackt hätte. Menschen sind nun eben davon abhängig, dass die Bürokratie stimmt. Ein Gott, der in Win-deseile über jeden einzelnen Buch zu führen vermag, kann doch nicht im Ernst mit der Einhaltung bürokratischer Grundregeln überfordert sein! Demnach ist ein Betroffener über Fragen einer Neuorganisation frühzeitig und umfassend zu unterrichten und zwar vom Chef selbst und nicht etwa von einem neuen Kollegen.

Wenn aus der Tatsache, dass die Neuorganisation - wie auf der Hand liegt - nicht ordnungsgemäß abgelaufen ist, der Schluss gezogen wer-den muss, dass alles was in der Folgezeit an Durcheinander, Mord und Totschlag entstanden ist, Gottes Willen entspricht, dann muss man sich erst einmal im Sessel zurücklehnen und tief durchatmen. Das darf doch wirklich nicht wahr sein! Sollte Gott am Ende sadistische Neigun-gen haben? Wie sonst sollte man verstehen, dass der ernsthaft be-mühte Reformator Luther letztlich Anlass zum 30jährigen Krieg gege-ben hat, in dem durch Mord und Totschlag im Namen Gottes halb Eu-ropa entvölkert wurde. Woran liegt es wohl, dass Gottes Offenbarun-gen die Gläubigen zu allen Zeiten veranlasst haben, sich in Gemein-schaften, Sekten, Zirkeln, Gruppen und Grüppchen zu organisieren eine nach eigener Anschauung jeweils Gott näher und wohlgefälliger als die andere. Manche friedfertiger, andere weniger. Pharisäer und Saduzäer, Judenchristen und Heidenchristen, Katholiken, Orthodoxe und Protestanten, Sunniten und Schiiten, um nur einige zu nennen. Die Aufzählung aller einschließlich jener, die sich „Zeugen Jehovas" nennen, würde Seiten füllen. Keine Absonderlichkeit, die nicht von irgendeiner Vereinigung als besonders gottgefällig angesehen würde.

Es scheint als hätte die Geschichte vom Turmbau zu Babel hier ihre Fortsetzung gefunden. Die einen müssen Hüte, Kappen und Bärte tragen, andere Turbane und Kopftücher, Frauen müssen sich völlig verhüllen, so dass nur Sehschlitze für die Augen bleiben, ganz so als müsse man Gottes eigene Schöpfung vor ihm selbst verhüllen, um ihn ja nicht durch den Anblick dessen zu beleidigen, was er da erschaffen hat. Nichts als Merkwürdigkeiten wohin auch immer man sich wenden mag.

Wer es Gott nicht antun mag, ihn für einen merkwürdigen Sonderling mit unverkennbar sadistischen Neigungen zu halten, der muss sich wohl anderswo auf die Suche nach ihm machen. Ein gewisser Abdus Salam, vor kurzem im Alter von 70 Jahren verstorben scheint mir da auf dem richtigen Weg gewesen zu sein. Als Moslem und Physiker sah er seine Aufgabe darin „Zu entdecken, was Allah denkt". Er war überzeugt, Gott habe ein Universum von Schönheit, Symmetrie und Harmonie" geschaffen (Der Spiegel Nr. 48/96 S. 274)

Zu Gottes Entschuldigung angesichts meiner bisherigen Kritik, die bei weitem noch nicht alles erfasst, was zu bemängeln wäre, hege ich den starken Verdacht, dass alles was bisher von mir angeführt wurde, seine Wurzeln in dem menschlichen Bedürfnis hat, Gott erklären zu wollen. Das sichtlich unbefriedigende, schiefe Bild Gottes, wie es von den Religionsgemeinschaften der Juden, Christen und Muslime überliefert wurde und bis heute gepflegt wird, ist das Werk von Menschen, die sich -unterstellen wir einmal - in guter Absicht und in gutem Glauben auf Gott berufen und sich von ihm beauftragt gefühlt haben, ohne es tatsächlich gewesen zu sein. Geschäftsführung ohne Auftrag sozusagen, bestätigt dadurch, dass Gott zwar nichts mit unterschrieben, aber auch in keinem bekannten Fall ausdrücklich widersprochen hat. Dies noch nicht einmal als die Menschen sich gar erdreisteten seinen Stellvertreter auf Erden zu benennen, der zwar für unfehlbar, aber ohne persönliche Mitwirkung Gottes gleichwohl nicht für unsterblich erklärt werden kann. Nehmen wir also an, dass es so war. Das erklärt alles meist allzumenschliche Gehabe Gottes, das letztlich von ihm zu vertretende Durcheinander, das er aber gar nicht selbst, sondern einzig und alleine die Menschen - und zwar weitgehend von Gott verlassen - in eigener Regie angerichtet haben. Es ist an der Zeit, dass wir unser Wissen und unseren Verstand bemühen, um Gottes Gesicht zu wahren und wie Abdus Salam es formulierte, herauszufinden wie und was Gott denkt.

1. AUF DER SUCHE NACH GOTT

1.2 IN SEINEN WERKEN

Wenn Gott uns irgend etwas gegeben hat, worin wir ihm ähnlich sein könnten, so ist es wohl Geist und Verstand. Darin unterscheiden wir uns doch auch am allerdeutlichsten von allen seiner uns bekannten übrigen Geschöpfe. Anstatt diese Gaben zu unterdrücken, den Verstand auszuschalten, um Dinge glauben zu können von denen wir heute wissen, dass sie völlig unglaubwürdig und gar sinnlos sind, müssen wir um Gott wahrhaft zu dienen, unseren Verstand benutzen und zwar jeder nach seinen Fähigkeiten. Nicht jeder ist ein Einstein, aber auch das kleinste Licht schimmert erkennbar und es ist besser, es in aller Bescheidenheit leuchten zu lassen, als wegen zu bescheidener Leuchtkraft auf seinen Schimmer zu verzichten. Jeder sollte also genügend Mut besitzen, um Fragen zu stellen, wo ihn vorhandene, vorgegebene Antworten nicht befriedigen. Wo aber sollen wir Gott suchen?

Darauf gibt es eine ganz einfache Antwort: in seiner Schöpfung, die uns umgibt und von der wir selbst ein Teil sind. Können doch Archäologen aus Funden aus grauer Vorzeit rekonstruieren, wie unsere Vorfahren ausgesehen haben, wann sie gelebt haben und wie sie gelebt haben. Sie können uns sagen, wie ihre Behausungen beschaffen waren oder ihre Städte ausgesehen haben. Durch sie wissen wir von längst ausgestorbenen Lebewesen und sind sogar in der Lage sie in Filmen wieder zum Leben zu erwecken. Überhaupt sind es Wissenschaft und Forschung, die uns mehr als jede Religion Gott nahe bringen und uns dazu verhelfen, seine Schöpfung besser oder gar überhaupt zu verstehen.

Durch Darwin wissen wir, dass die Schöpfung ungleich viel großartiger, vielgestaltiger, komplizierter verlaufen ist, als jene wissen konnten, die Schöpfungsberichte für „Heilige Bücher" verfasst und niedergeschrieben haben. Die Erkenntnisse von Kopernikus, Galilei, Einstein und vieler anderer haben uns eine Vorstellung von den unglaublichen Weiten des Universums vermittelt, an dessen Rand sich unser Planet

Erde befindet. Dieser Planet Erde, den sich die Verfasser der genannten Heiligen Schriften einschließlich Mohammed noch als eine Scheibe im Mittelpunkt des Universums vorstellten, als Zentrum um das sich alles drehte.

Wie sehr hat dieser Planet sich durch die geistige Leistung neugieriger Männer und Frauen verändert. Hätten sie es beim Glauben bewenden lassen und darauf verzichtet, ihre von Gott gegebenen Verstandesgaben zu entfalten, so würden wir heute ein armseliges Dasein führen, ohne Hoffnung, auch in Zukunft der sich immer weiter vermehrenden Menschheit genügend Lebensraum bieten zu können. Sämtliche Heiligen Schriften und die darin verbreiteten Erkenntnisse über Gott hatten wenig Einfluss darauf, dass sich Gottes tatsächlicher Wille immer wieder erneut durchgesetzt und erwiesen hat.

Dieser Gott ist wahrhaftig alles andere als schwach: Nicht diejenigen haben ihn durchgesetzt, die glaubten oder vorgaben dazu berufen zu sein, sondern ganz andere, die teilweise mit Gott gar nichts im Sinn hatten. Wir erkennen, dass Glaube relativ ist. Sobald man bestimmte Sachverhalte kennt und sie auch beweisen kann, ist es erkennbar sinnlos etwas anderes zu glauben als es dem Wissensstand entspricht. Wissen ersetzt Glauben. Da Gott dem Menschen die Fähigkeit verliehen hat, Wissen zu erwerben und sein Wissen zu erweitern, ist zu folgern, dass es Gottes Wille ist, wenn der Mensch von dieser Fähigkeit Gebrauch macht. Umgekehrt muss festgestellt werden, dass es nicht Gottes Wille ist, dass der Mensch etwas glaubt, was nicht dem entspricht, was man aufgrund der Erkenntnisse von Wissenschaft und Forschung gesichert weiß.

Dieser Erkenntnis hat unlängst sogar das besonders konservative Oberhaupt der katholischen Kirche Tribut gezollt, indem es die Richtigkeit der Darwinschen Gesetze anerkannt hat. Wenn aber Darwin und alle Forscher nach ihm Recht haben - woran nicht zu zweifeln ist, - dann ist der Schöpfungsprozess anders abgelaufen, als in der Bibel dargestellt. Das heißt nicht, dass der Mensch vom Affen abstammt, das heißt aber sehr wohl, dass beide gemeinsame Vorfahren haben und dass alle Säugetiere miteinander verwandt sind. Sie lassen sich, wie auch die Vorfahren von Mensch und Affen auf eine Urform zurückführen und am Ende landet man dort, wo jedes tierische und damit auch menschliche Leben seinen Anfang genommen hat: bei der Entstehung einzelliger Lebewesen im Wasser.

Jedenfalls ist klar, dass Adam und Eva als Vorfahren der Menschheit ausscheiden. Damit entfällt der Verdacht auf Inzucht, damit entfällt allerdings auch das unsinnige Konstrukt der Erbsünde mit allen daraus zu ziehenden Konsequenzen. Die Schöpfung hat nicht an sieben Tagen stattgefunden. Sie ist kein einmaliger Akt Gottes, sondern ein Prozess, von dem man annimmt, dass er in kosmischen Dimensionen betrachtet vor 20 - 23 Milliarden Jahren angestoßen wurde und zwar, wie ich glaube, von Gott.

Die gigantische Zeitdauer, die gigantischen Ausmaße, die unglaubliche Vielfalt der Natur, die schier unvorstellbare Feinheit des Mikrokosmos erfüllen jeden, der sich näher damit befasst, mit ungläubigem Staunen. Dies alles vermittelt einen tatsächlichen Eindruck von der Allmacht jenes Gottes, der all dies erschaffen hat. Keine der mir bekannten Heiligen Schriften vermag auch nur im entferntesten jenen Eindruck zu vermitteln, wie die Bücher jener Forscher, die den jeweils neuesten Erkenntnisstand über die tatsächliche Beschaffenheit der Schöpfung „Universum" wiedergeben, in dem wir leben und dessen winziger Teil wir sind.

Ich verzichte hier ganz bewusst darauf, Einzelheiten all jener Erkenntnisse über die Tatsachen von Gottes wunderbarer Schöpfung auszubreiten, weil sie den Leser ob ihrer Vielfalt verwirren und ermüden würden und damit für das, was ich in diesem Buch vermitteln will eher schädlich als nützlich wären. Für jeden, der sich selbst ein Bild machen möchte, gebe ich Verfasser und Titel einiger Bücher am Ende meiner Ausführungen bekannt. Die Lektüre dieser Bücher hat mir mehr Ehrfurcht vor Gott und seiner grandiosen Schöpfung vermittelt, als alle mir bekannten „Heiligen Bücher" zusammengenommen, und meine Bewunderung gilt all jenen, die mit ihrer Forschungsarbeit und dem Einsatz von Geist und Verstand all jene erstaunlichen Erkenntnisse gewonnen haben.

Gott ist ganz sicher nicht jener Handwerker, der aus Lehm oder was auch immer den Adam modelliert und ihm dann Leben eingehaucht hat. Er hat auch nichts derlei frauenfeindliches und diskriminierendes getan, wie es gewesen wäre, wenn er das Weib Eva aus einer Rippe des Mannes Adam erschaffen hätte. Dies ist deutlich die Erfindung einer Männergesellschaft in der Frauen vieles waren, aber auf keinen Fall gleichberechtigt. Die wurden gegen Kamele verhökert und wenn sie nicht mehr genehm waren einfach verstoßen oder mit einem Scheidungsbrief des Mannes weggeschickt.

Der Gott des Universums an den ich glaube, hat Mann und Frau völlig gleichberechtigt erschaffen! Es ist doch wohl jedem klar, dass das gleichwichtige Zusammenwirken männlicher und weiblicher Wesen ein Naturgesetz und damit ein Gesetz Gottes zur Sicherung der Fortpflanzung ist. Den Zeitpunkt der Schöpfung gar auf das Jahr 4380 v. Chr. festzulegen, wie das manche tun, ist natürlich auch ohne Kenntnis des Entstehungszeitpunktes des Universums vor mehr als 20 Milliarden Jahren durch herkömmliche Archäologie als unsinnig entlarvt. Es gibt Funde menschlicher Knochen, die mehr als einhundertmal älter sind und Reste von Stadtansiedlungen, die schon vor diesem Datum bestanden haben.

Die wirklich bedeutende Frage ist vielmehr: Was ist vor 20 oder 23 Milliarden Jahren geschehen? Ich habe nirgendwo eine Antwort auf diese Frage gefunden. Es gibt Theorien, also mehr Glauben als Wissen. Die sogenannte „Urknall-Theorie" geht davon aus, dass aus einer Energie unvorstellbarer Dichte eine explosionsartige Umwandlung in Materie erfolgt ist und sich daraus das Universum entwickelt hat, die Masse des Universums ist in ständiger Bewegung und zwar entfernt sie sich von einem ganz bestimmten Punkt im Universum, dem Punkt also von dem alles ausgegangen ist, dem Punkt an dem der Urknall erfolgte.

Es gibt auch Theorien über das Schicksal des Universums. Manche gehen davon aus, dass es sich unentwegt weiter ausdehnen werde, andere nehmen an, dass die Bewegungsenergie zum Erliegen kommt und die gesamte Materie wieder zu ihrem Ausgangspunkt zurückkehren wird. Alles natürlich innerhalb von Zeiträumen, die das menschliche Vorstellungsvermögen beträchtlich übersteigen. Doch auch diese Fragen sind hier unerheblich. Wichtig ist die Antwort auf die Frage: Wo war Gott zum Zeitpunkt des Urknalls? Ich sehe zwei Möglichkeiten:

1. Er war jenseits des Urknalls
2. Er war die Energie des Urknalls

Ich persönlich glaube daran, dass wir uns Gott als diese Energie vorzustellen haben, aus der das gesamte Universum entstanden ist. Daraus ergeben sich vielfältige Schlussfolgerungen und Konsequenzen.

Gott ist im Universum allgegenwärtig und allwissend und allweise. Er hat das Universum erschaffen. Die Schöpfung ist gar nicht beendet, sondern noch immer in vollem Gange. Alte Sterne vergehen, neue Sterne entstehen. Die Schöpfung ist ein Prozess und kein einmalige Ereignis. Der Schöpfungsprozess findet nicht nur auf der Erde statt, sondern im gesamten Universum.

Höchstes vom Menschen zu respektierendes Gut ist die Schöpfung; sein Dienst für Gott besteht darin, die Gesetze der Schöpfung zu studieren und nach diesen Gesetzen zu handeln. Er ist Gegenstand der Schöpfung, aber auch selbst schöpferisch begabt. Seine Lebensaufgabe besteht darin, als Gottes Gehilfe im Rahmen seiner Möglichkeiten schöpferisch tätig zu sein. Ich komme darauf später noch zurück.

Gottesdienst findet nicht nur organisiert in Kirchen oder Moscheen statt. Gottesdienst übt, wer Gottes Schöpfung und seine Geschöpfe fördert und respektiert. Gottesdienst leistet, wer immer Gutes tut an Menschen, Tieren, Pflanzen, an der Landschaft, am Klima, an Meeren und Flüssen, im Weltraum. Gottesdienst ist aktive Förderung jedweder Schöpfung Gottes. Gottesdienst ist auch die Erforschung alles Erschaffenen, denn je besser wir die Schöpfung, ihren Ablauf und ihre Prozesse verstehen, um so besser können wir unsere Handlungen auf Gottes Schöpfungsplan abstimmen.

Ein pakistanischer Physiker, der schon früher erwähnte Abdus Salam, hat in für mich unübertrefflicher Weise formuliert, worauf es für uns alle wirklich ankommt: entdecken, was und wie Allah oder Gott denkt. Haben wir freilich darüber Erkenntnisse gewonnen, so müssen wir auch entsprechend handeln. Die UNO betreibt aktiven Gottesdienst. Jeder der Kriege, Waffen und Gewalt ächtet und verhindert, betreibt aktiven Gottesdienst. Jeder der sich für unsere Umwelt einsetzt, betreibt aktiven Gottesdienst. Ohne eigentlich Gott im Sinn zu haben, tut eine aktive Umweltpartei oder Organisation wie Greenpeace oder WWF mehr für Gott als alle jene, deren Aktivitäten sich auf Lithurgie, Gesang, Predigt und Gebet beschränken.

An dieser Stelle ein Wort zum Thema Gebet. Jeder der beten mag, möge beten. Er wird feststellen, dass manche Gebete erhört werden, manche nicht, aber es gibt keinen Beweis dafür, dass jene, die Wünsche haben, sie aber nicht in Gebetsform kleiden, schlechter von Gott behandelt würden, als jene, die beten. Wenn Gott allmächtig, allweise und auch allgegenwärtig ist, wovon ich unbedingt ausgehe, und was auch von den meisten mir bekannten Religionen nicht in Abrede gestellt, sondern im Gegenteil besonders betont wird, dann kann doch niemand im Ernst davon ausgehen, es bedürfe irgend eines Gebetes, um Gott über irgend etwas in Kenntnis zu setzten oder die Dringlichkeitsfolge zu ändern mit der er die ihm im Gebet vorgetragenen Problemfälle regelt oder nicht regelt.

Gott reagiert nicht wie gestresste Eltern, die sich schließlich zu irgend etwas erweichen lassen, wenn ihre Kinder nur lange und nervig genug gequengelt haben. Kraft seiner Allgegenwart (Omnipräsenz) weiß Gott über alles umfassend Bescheid, deshalb bestreite ich jeden Unterschied bezüglich der „Erfolgsquote" jener die beten und jener die nicht beten. Das Gebet als Informationsquelle für Gott ist also definitionsgemäß unnötig. Es ist auch unnötig, ihm auf diese Weise klarmachen zu wollen: Siehe, Herr ich bin besser, als der Rest jener, die nicht beten. Gott weiß auch so, was er von jedem zu halten hat, er ist ja in uns, um uns und in allem, womit wir zu tun haben und umgehen, darin stimme ich Mohammed unbedingt zu (z.B. Koran, Sure 96 - 15).

Gleichwohl verkenne ich nicht, dass Gebete auch noch andere Wirkung haben können. Sie können dem Betenden dazu nützen, seine Ziele, Bedürfnisse, Empfindungen zu ordnen und der Glaube an die Hilfe Gottes kann jedem Betenden dazu verhelfen, das Richtige zu tun und seine Probleme selbst zu lösen. Wer also beten möchte, der kann davon ausgehen, dass er hierfür keinerlei Vorschriften zu beachten hat, dass Gott ohnehin längst weiß, was er beten wird und er durch noch so viele Gebete Gott über sein wahres Verhältnis zu ihm nicht zu täuschen vermag. Wer Worthülsen und leere Formeln von sich gibt, dem ist zu raten, darauf eher ganz zu verzichten. Wie gesagt, Gott legt auf Anbetung keinen Wert, dies ist ein typisch menschlicher Wesenszug, der vorwiegend bei Diktatoren und despotisch veranlagten Naturen anzutreffen ist. Dies Gott anzutun, grenzt für mich an Gotteslästerung.

Konzentrieren wir uns also auf die vorstehend geschilderten Formen des praktischen Gottesdienstes. Gottes Willen erfüllt, wer sich für die Menschenrechte einsetzt. Da stehen manche weltliche Organisationen Gott näher als diese oder jene Religionsgemeinschaft oder Sekte und wenn sie den Namen Gottes noch so oft im Munde führen und bei Besuchen ferner Länder die Erde küssen, obgleich dort Menschen unterdrückt und ihre Rechte missachtet werden.

Was nehmen sich jene heraus, die glauben einen Menschen zum Tode verurteilen zu können, nur weil er irgend etwas geschrieben hat, wovon sie glauben, dass es Allah oder seinen Propheten beleidigen könnte? Zweifeln sie denn so sehr an ihrem eigenen Glauben, dass sie Allah nicht zutrauen, er werde zu gegebener Zeit das Richtige tun? Und überhaupt überlassen wir es zunächst einmal ihm, zu entscheiden, von wem und durch was er sich beleidigt fühlt. Seine Möglichkeiten zu strafen sind doch im Koran ausführlich beschrieben! Was nimmt sich überhaupt jeder gegen Gott heraus, der meint gar in dessen Namen aus welchem Grunde auch immer irgendeinen Menschen zu verfolgen oder gar töten zu können. Das ist seit Moses jedem gläubigen Juden, Christen und Moslem ausdrücklich verboten und zwar ohne Ausnahme und Spitzfindigkeiten! Die Morde der Inquisition sind und bleiben Morde, auch wenn die Opfer zur Vermeidung von Blutvergiessen verbrannt oder ertränkt wurden.

Was ist von Konfessionen oder Religionsgemeinschaften zu halten, die darüber ungerührt hinweggehen und statt dessen Familienplanung und Empfängnisverhütung bzw. deren Verbot auf die Tagesordnung setzen? Gott hat den Menschen Rechte und Pflichten gegeben. Zu ihren wichtigsten Pflichten gehört, die Menschenrechte zu achten und dafür zu sorgen, dass sie allen Menschen gleichermaßen gewährt werden.

Gott hat im Rahmen seines Schöpfungsplanes Menschen unterschiedlicher Hautfarbe, unterschiedlicher Rassen, unterschiedlicher Nationalitäten, unterschiedlicher Religionen, unterschiedlicher Intelligenz, unterschiedlicher Gesundheit werden lassen - will ihm irgend jemand unterstellen, er hätte damit Fehler begangen oder irgend etwas davon entspräche nicht seinem Willen? Ich glaube doch kaum!

Daraus resultiert, dass es sein Wille ist, sie alle als gleichberechtigt zu behandeln. Wer glaubt allen Ernstes, Frauen gegenüber Männern mindere Rechte einräumen zu dürfen? Wer Frauen zwingt, sich zu verhüllen, wer sie daran hindert, ihren Verstand und Geist zu bilden, ihre Intelligenz zu entfalten, wer sie von bestimmten Positionen in Staat oder Kirchen fernhält oder sie bei deren Erlangung behindert, der hat weder Gottes Schöpfungsplan noch seinen Willen begriffen. Auf Gottes Wohlwollen werden sie für dieses Tun nicht zählen können. Sie tun es aus niedriger Gesinnung. Sie fürchten um Vorrechte und Macht in diesem Leben, obwohl sie doch so sehr darauf pochen, dass die eigentliche Erfüllung erst nach dem Tode eintreten werde. Sollten sie diesbezüglich ihren eigenen „heiligen Büchern" nicht trauen?

Ich kann nicht glauben, dass Allah dem Mohammed etwas anderes geoffenbart haben sollte, als Menschenrechte und Gleichberechtigung und sorgfältigen Umgang mit seiner Schöpfung insgesamt. Gott hat Mohammed gegenüber weder Juden noch Christen diskriminiert, wie dies dem Koran zu entnehmen ist. Da muss wohl - milde ausgedrückt - ein Übermittlungsfehler passiert sein. Ebenso kann eine Religion nicht hinreichend von Gott inspiriert sein, die nicht mit allem Nachdruck die Sklaverei verbietet. Man stelle sich vor, Mohammed steht in engster Beziehung zu Allah und hält sich Sklaven oder Sklavinnen. Jesus, der Mann der Nächstenliebe, lobt Sklaven für treue Dienste und ermahnt ihre Herren, sie gut zu behandeln. Wie schön! Aber Gottes Wille wird daraus nicht ersichtlich. Abraham Lincoln, der weder ein Prophet, noch ein Messias war, stand mit seinem Feldzug gegen die Sklaverei Gott näher, als Jesus und Mohammed zusammengenommen.

Die Geschichte ist erfüllt von Beispielen von ganz weltlichen Persönlichkeiten und Organisationen, deren Gottesdienst von großer Nähe zu Gott zeugt und die der Erkennung des Schöpferwillens und der Bewahrung seiner Werke weit dienlicher waren, als die Aktivitäten jener, die sich dem Wort Gottes sozusagen berufsmäßig verpflichtet fühlen. Unerfindlich, warum es insbesondere für die katholische Kirche so schwierig war und ist, den Gottesdienst der Forscher und Wissenschaftler zu erkennen und anzuerkennen.

Tatsächlich gibt es Anlass zum Zweifel, dass Gott jenen, die sich als die Seinen betrachten, jenen, die behaupten er habe Ihnen dies und jenes ganz verbindlich und gesichert geoffenbart, niemals und zu keiner Zeit irgend etwas Handfestes und Zutreffendes über Vorgang, Art und Umfang seines Werkes bekannt gegeben hat. Ganz im Gegenteil, sie wurden völlig im Unklaren gelassen oder falsch informiert.

Da Gott keinesfalls unterstellt werden darf, er habe bewusst irreführende Offenbarungen vermittelt, müssen wir heute feststellen, dass sich vor vielen Generationen irgendwelche Schreiber Dinge haben einfallen lassen, die ihnen plausibel erschienen. Dabei mögen sie die Hoffnung gehabt haben, Gott werde dafür sorgen, dass sie damit Recht haben oder zumindest verhindern, dass herauskommt, welche Märchen da aufgetischt wurden. Indes, Gott hat noch immer dafür gesorgt, dass sich Leute fanden, die sich auf die Suche nach der Wahrheit machten und dieser allen Widerständen zum Trotz zum Durchbruch verhalfen.

Trotz aller behaupteten Unfehlbarkeit hat sich kaum etwas, was christliche Kirchen oder Islam über die Schöpfung verbreitet haben, als richtig erwiesen. Gott hat sich auf die Seite derer gestellt, die von seinen Gaben, Geist und Verstand den besten Gebrauch gemacht haben. Ganz gleich ob sie gläubige Juden, Christen oder Muslime waren oder die Abwesenheit jedweden Gottes behaupteten, wenn sie seine Gaben richtig nutzten, dann hat er sie und mit ihnen die ganze Menschheit mit großartigen oder auch geringeren Erkenntnissen belohnt. Jene, die meinen und meinten mit Halleluja-Singen oder zehn Rosenkränzen irgendeinen Eindruck machen zu können, hat er beiseite gelassen. Welchen Beitrag könnten sie auch leisten, wenn sie vor Ehrfurcht auf dem Bauch liegen und auswendig gelernte Formeln murmeln, anstatt schöpferisch und aktiv an irgendeiner Stelle anzupacken, um auf diese Weise das Werk Gottes zu fördern? Jeder Konstrukteur, Buchhalter, Viehzüchter, Landwirt oder Forstmann, der redlich seine Arbeit verrichtet und ständig um Neuerungen und Verbesserungen bemüht ist, erfüllt Gottes Willen mehr, als ein Mönch, der sich im Kloster einschließt, um Gott sein Leben zu widmen.

Gott hat die Menschen dazu ausersehen, dass sie gemeinsam Nützliches vollbringen. Gott hat die Menschen nicht so werden lassen, wie sie sind, um von ihnen zu verlangen unter körperlichen oder seelischen Qualen anders zu sein, als es ihrem Wesen entspricht. Gott hat z.B. kein Zölibat erfunden und verlangt auch von niemandem sexuelle Enthaltsamkeit. Sexualität ist doch ganz im Gegenteil eine Gabe Gottes. Der Mensch darf sich ihrer erfreuen, aber er muss sich seiner Verantwortung gegenüber der Schöpfung bewusst sein. Das heißt Verantwortung in bezug auf Sexualpartner und eventuelle Nachkommenschaft. Er kann sich an den Regeln und Normen des Lebensraumes orientieren.

Mohammed hat sich die Freiheit genommen, mehrere Frauen zu haben und Allah hat ihn offenbar daran nicht gehindert. Bezeichnenderweise ist nicht vorgesehen, dass Frauen sich mehrere Männer nehmen können. Aber die Zeiten sind im Begriff sich zu ändern und wer Männern solche Rechte zugesteht, muss Frauen diese Rechte entweder ausdrückliche vorenthalten und damit gegen Gottes erkennbaren Willen verstoßen oder ihnen die gleichen Rechte zugestehen. Freilich tragen auch sie Verantwortung für ihre Partner. Gleiche Rechte zu haben, bedeutet auch immer gleiche Pflichten erfüllen zu müssen.

Merkwürdig mutet an, wenn eine Kirche von ihren Priestern sexuelle Enthaltung fordert und gleichzeitig vom Rest der Welt größtmöglichen Kindersegen erwartet. Gottes Wege sind ja diesbezüglich gar nicht so unerforschlich. Er hat alles auf bestimmte Weise geordnet und das gilt ausnahmslos für alle. Gott ist an sinn- und nutzlosen Konflikten nicht interessiert. Die Einhaltung seines Schöpfungsplanes hat Vorrang vor angeblichen Verehrungsgesetzen, die vielfach sowieso nicht eingehalten werden. Er ist auch kaum daran interessiert, dass täglich fünfmal in Richtung Mekka gebetet werden muss. Eher schon dürfte er etwas dagegen haben, wenn Dieben Hände abgehackt werden! Das ist doch ein klarer Eingriff in seine Schöpfung und trägt nicht dazu bei, diese zu bewahren und zu entwickeln. Körperliche und seelische Integrität des Menschen ist ein hohes Gut. Kein Mensch hat das Recht, dieses zu beeinträchtigen. Jeder, der dies trotzdem unternimmt, trägt dafür vor Gott die ganz persönliche Verantwortung.

Es gibt keine Instanz auf Erden, die irgendeinem Menschen Schuld erlassen könnte, die dieser vor Gott auf sich geladen hat. Der Mensch kommt gänzlich unschuldig und frei von Erbsünde auf die Welt. Er muss sein Handeln mit Bedacht ausüben. Verletzt er weltliche Gesetze, so sind weltliche Gerichte für die Bemessung seiner Schuld zuständig. Begeht er Vergehen wider die Gesetze von Gottes Schöpfung, so wird Gott über Schuld oder Nichtschuld entscheiden. Eine Anrechnung von Guthaben aus dem Überschuss an guten Taten irgendwelcher Heiliger ist grundsätzlich nicht zu erhoffen. Zumal keine Bestätigung Gottes vorliegt, ob es überhaupt von ihm anerkannte Heilige gibt.

Jeder Mensch guten Willens kann Gott dienen, wo und wann er will, er braucht dazu weder Klöster noch Moscheen oder Kirchen und Kapellen. Er muss sich nur im weitesten Sinne um Gottes Schöpfung Verdienste erwerben. Niemand wird ausgeschlossen und ausgegrenzt, weil er z. B. aus einer Kirche ausgetreten ist.

Trotz aller gegenteiligen Behauptungen: ein Alleinvertretungsrecht hat Gott nicht vergeben. Es ist nicht einzusehen, auf welche Weise Gott in Veranstaltungen gedient wird, die landläufig „Gottesdienst" genannt werden. Weder das Absingen von Gesangbuchliedern noch das Verströmen von Weihrauch hat für die Schöpfung erkennbaren Nutzen. Jeder der statt dessen Bäume pflanzt oder Kranke pflegt, leistet mehr Gottesdienst und tut mehr für Gottes Schöpfung. Gottes Diener sind all jene, die ihre Aufgaben im Leben nach bestem Können, Wissen und Gewissen erfüllen und die Schöpfung schonen, erforschen und fördern, ganz gleich, ob sie dabei an Gott denken oder nicht. Es zählt das gute Ergebnis im Sinne Gottes.

Niemand soll glauben, er könne ja nichts bewirken. Gott setzt jedwedes Tun in Beziehung zu den tatsächlichen Möglichkeiten die einer hat und wie schon früher erwähnt, hat nicht jeder die Fähigkeiten eines Einstein oder Lincoln und all jener bekannten Persönlichkeiten, die sich um Frieden, Wissen, Kultur, Umwelt - kurz um alles was die Schöpfung umfasst verdient gemacht haben. Gott ist auf ihrer Seite. Die Kunstwerke, die uns Menschen erfreuen, erfreuen damit auch Gott. Alle Menschen die Neues ersinnen und auszuführen vermögen, eifern ihrem Schöpfer nach, sie sind selbst zu Schöpfern geworden und die Namen der Größten werden auf der Erde nicht vergessen. Sie sind durch ihre Schöpfungen, durch ihre Werke unsterblich geworden. Auch wenn sie längst zu Grabe getragen wurden, ihr Geist lebt in ihren Werken fort. Er lebt in den Werken der Dichter und Schriftsteller, der Biologen, Chemiker, Physiker und Mathematiker und sie alle haben damit Gott gedient und nicht wenige waren durch den Widerstand von Mitmenschen behindert, die bis heute der Meinung sind, Gottesdienst fände ausschließlich in Kirchen, Moscheen oder sonst dafür vorgesehenen Räumen statt.

Nehmen wir einmal Christian Barnard, der als Mediziner und erster Mensch ein menschliches Herz verpflanzt hat und so neue Wege beschritten hat um menschliches Leben zu retten oder seine Qualität zu verbessern. Nicht wenige sehen darin heute noch einen unzulässigen Eingriff in Gottes Schöpfung, ich verweise hier vorzugsweise auf die Sekte der Zeugen Jehovas. All jenen sei gesagt, dass hier nichts aber auch gar nichts vor sich geht, was nicht Gottes volle Billigung hätte. Die Schöpfung ist nicht rückwärts gewandt, sondern nach vorne in die Zukunft gerichtet. Nichts was nicht getan werden dürfte, weil es in der Vergangenheit nicht versucht wurde oder nicht möglich war. Im Gegenteil, der Schöpfungsplan ist so zu begreifen, dass der Mensch im Sinne Gottes alles zu unternehmen hat, um der Schöpfung zu immer größerer Vollkommenheit und Schönheit zu verhelfen. Haben wir Vertrauen, dass es immer genug Menschen geben wird, die aufstehen und Einfluss nehmen, wenn Entwicklungen Platz greifen, die Harmonie und Gleichgewicht der Schöpfung (eines ihrer Grundgesetze!) stören oder zerstören könnten.

Lassen wir also die Mediziner ihre Arbeit verrichten, sie ist von Gott gewollt, sofern sie zum Nutzen des Menschen und damit der Schöpfung insgesamt verläuft. Der Mensch hat doch nicht gegen Gottes Willen entdeckt, dass alle Eigenschaften der Lebewesen (und Pflanzen sind ja auch Lebewesen) in den Genen gespeichert sind. Er hat die Freiheit von Gott, mit diesen Erkenntnissen alles zu unternehmen, was der Schöpfung nützt. Wenn es also durch Genveränderung möglich ist, mehr Nahrungsmittel zu erzeugen, um mehr Menschen oder Tiere ernähren zu können, so ist dies völlig in Gottes Sinn, wenn dabei Regeln beachtet werden, die sich aus der Schöpfung selbst ergeben.

Es ist doch vielfach bewiesen worden, dass Menschen durchaus in der Lage sind, sich verantwortungsvoll zu verhalten. Ein Beispiel dafür: Die ersten Menschen, die - wenn auch nur ein winziges Stückchen - in den Weltraum vorgedrungen sind, wurden zuerst in Quarantäne gehalten um sicher zu sein, dass sie nicht unbekannte Keime aus dem All zurückgebracht haben, die auf der Erde hätten Schaden anrichten können. Die Arbeit genialer Forscher hat den Bau von Atomwaffen möglich gemacht und in Amerika und Russland wurden so viele davon hergestellt, dass nach einhelliger Meinung von Fachleuten mindestens unser Planet Erde damit hätte entvölkert werden können.

Aber was ist geschehen? Selbst die Kränksten und senilsten Staatsmänner, mit der Befugnis, diese Waffen einzusetzen, haben wunderbarerweise von dieser Möglichkeit keinen Gebrauch gemacht, obwohl sie persönlich gar nichts zu verlieren gehabt hätten. Einige sind ja bekanntlich kurz nach kritischen Situationen eines natürlichen Todes gestorben. Ich bin zuversichtlich, dass die Menschen in immer stärkerem Maß begreifen werden, worauf es ankommt: die Schöpfung voranzubringen, sie zu verbessern und zu pflegen, ihre Gesetze immer besser zu begreifen und so Gott immer näher zu kommen, ich wiederhole mich: herauszufinden, was Allah denkt! Ob Jesus die Aussagen gem. Matthäus 22, 37-39 persönlich so gemacht hat oder nicht ist unerheblich, sie sind erkennbar von Gott selbst inspiriert und ich sehe keinerlei Widerspruch zu allem was ich bisher ausgeführt habe und nachfolgend noch schreiben werde. Gegen Matthäus 21, 19-21 erhebe ich allerdings Widerspruch, ich hoffe sehr, dass Jesus sich weder so verhalten noch so gesprochen hat.

An dieser Stelle einige Ausführungen zum Thema Krieg. Immer wieder wird die Existenz Gottes in Zweifel gezogen und die Frage gestellt, wie er denn Greuel und Schrecken der Kriege oder des Holocaust oder der Inquisition zulassen konnte und kann, ohne einzugreifen. Ich versuche, mich dieser Frage zunächst konventionell zu nähern und dann meine persönliche Sicht darzustellen.

1.)
Während Adam und Eva offenbar recht friedliche Leute waren, hat der Sohn Kain bereits seinen Bruder Abel erschlagen (AT 1. Mose 4/8) und ist damit gegenüber Gott vergleichsweise glimpflich davongekommen. Das ist ziemlich unbefriedigend. Ebenso wenig befriedigt Matthäus 5, 9 + 10. Ich zitiere wörtlich aus der Bibelausgabe der Bibelanstalt Stuttgart nach deutscher Übersetzung D. Martin Luthers:

5.9 Selig sind die Friedfertigen, denn sie werden Gottes Kinder heißen
5.10 Selig sind, die um Gerechtigkeit willen verfolgt werden, denn das Himmelreich ist ihr.

Das ist auch nicht befriedigend, wer weiß denn schon, ob es sich lohnt „Gottes Kind" zu heißen, eventuell um den Preis, sich alles gefallen lassen zu müssen. So nimmt denn die Formulierung von 5.10 in Kauf, dass sich an 5.9 ohnehin kaum einer halten wird. Es wird unterstellt, dass weiterhin verfolgt wird und die solchermaßen Verfolgten werden damit getröstet, dass ihnen das Himmelreich gehört, was immer damit genau gemeint ist. Wie schon eingangs erwähnt, Mord und Totschlag gar im Namen Gottes wurde in der Folgezeit nicht verhindert. Ein Misserfolg Gottes? Hat er am Ende gegen Krieg gar nichts einzuwenden? Diesen Eindruck muss man dem Koran folgend unbedingt gewinnen (u.a. Koran 8. Sure, 48 Sure 17, 61 Sure 5. „Allah liebt die, welche für seine Religion so kämpfen, als wären sie ein metallhartes Bauwerk", sowie Glasenapp a.a.O. S. 328). Hier ist von Kampf und Krieg die Rede gar vom „Heiligen Krieg" Auf den Koppelschlössern deutscher Soldaten zweier Weltkriege stand denn auch allen Ernstes „Gott mit uns". Er war es nicht. Der Wunsch war lediglich der Vater des Gedankens.

Lässt sich also festhalten Christen und Muslime haben wegen oder trotz ihrer religiösen Verfassungen mehr Kriege verursacht als verhindert. Diese religiösen Verfassungen waren keine tauglichen Mittel der Kriegsverhütung, sondern eher in vielen Fällen das genaue Gegenteil. Hierbei sollen die weltlichen Interessen keineswegs übersehen werden, aber ein wahrhaft christlicher Staatsmann hätte sich der Gewalt und des Krieges zur Durchsetzung nationaler Interessen auf jeden Fall enthalten müssen. Nicht wie auf den Koppelschlössern gefordert „Gott mit uns", nein im Gegenteil, sie waren völlig von Gott verlassen.

Erhebt sich noch die Frage warum es eigentlich wegen des „Gott mit uns" nicht zu Proteststürmen aus allen Kreisen der Bevölkerung gekommen ist. Warum nicht die Kirchen stürmischen Protest erhoben haben. Vermutlich deshalb, weil schon die alten Kreuzritter mit diesen und ähnlichen Sprüchen gegen die „Ungläubigen" Muslime zu Felde gezogen sind und das Ganze ein lange geübter Brauch war!

Nun, das allerdings hat sich geändert und man muss gerechterweise sagen, dass das Eintreten der christlichen Kirchen für den Frieden ein bedeutendes Gewicht bekommen hat. Unter dem Einfluss des Korans ist mit einer ähnlichen Entwicklung auf islamischer Seite nicht zu rechnen. Einzige Hoffnung ist, dass es der Staatengemeinschaft, also völlig weltlichen Institutionen wie UNO und NATO gelingen wird, zunehmend wirksamere Mittel zur Erhaltung des Weltfriedens (z.B. peace keeping forces) zu schaffen und dass ferner allen möglichen Beteiligten aufgrund der Beispiele jüngst geführter Kriege immer klarer wird, dass es keine Gewinner, sondern insgesamt nur Verlierer geben kann. Ich bin auch hier hoffnungsvoller als viele meiner Leser und denke, dass aus Gründen der praktischen Vernunft die Gefahr von Kriegen immer geringer wird.

An dieser Stelle leite ich über zu meiner persönlichen Sicht. Da sich der Mensch - wie nicht nur von mir behauptet - aus dem Tierreich heraus entwickelt hat, finden sich in seinen Verhaltensformen noch durchaus animalische Züge. Diese animalischen Züge finden u.a. ihren Niederschlag in der Neigung zur Gewaltanwendung als Mittel der Problemlösung. Dies ist Gott wohl bewusst und er muss die Folgen, nämlich Kriege, als ein Übergangsstadium des Schöpfungsprozesses notgedrungen in Kauf nehmen. In dem Masse, in dem der Menschheit bewusst wird, dass Gewaltanwendung keine angemessene menschliche Verhaltensform ist, wird sie als Form der Problemlösung immer weniger Akzeptanz finden und schließlich ganz absterben.

Die Weltorganisationen, die diesen Prozess am meisten fördern (UNO) und in den letzten Jahren trotz vieler Misserfolge weiter vorangebracht haben als in allen Jahrhunderten vorher, handeln in völliger Übereinstimmung mit dem Willen Gottes. Ihre Förderung und Unterstützung ist praktischer Gottesdienst. Jeder möge alles in seinen Kräften stehende tun, um ihren Bestand und Erfolg zu sichern und zu stärken. Wir dürfen nicht in Tagen oder Jahren rechnen, sondern für Generationen nach uns. Diese werden uns zweifellos in allem weit überlegen sein und vielleicht eines Tages den Zeitpunkt der Gründung der UNO als den Beginn der Zivilisation betrachten. Sie werden es leichter haben, denn die Überreste animalischer Wesenszüge werden von Generation zu Generation immer weiter zurückgebildet, der Mensch nähert sich durch den Schöpfungsprozess bedingt immer mehr der Form an, die ihm im Schöpfungsplan bestimmt ist! (im Automobilbau würde man das Modellpflege nennen).

Diese Veränderungen sind ohne dass wir uns dessen bewusst werden, von Gott festgelegt Sie sind z.B. auch äußerlich daran abzulesen, dass die Menschen von Generation zu Generation größer werden. Wer keinen Gesamtzusammenhang herstellen oder sehen will, der möge sich mit der landläufigen Erklärung begnügen, dies sei durch die insgesamt andere und bessere Ernährung bedingt. Ich allerdings vertrete die Auffassung, dass es ein sichtbarer Ausdruck des fortwirkenden Schöpfungsgeschehens ist, das die Veränderung von Geist, Verstand und Charakter im Sinne einer stetigen Verbesserung und Erhöhung der geistigen Leistungsfähigkeit mit einschließt. Die Fähigkeit und Bereitschaft Dinge zu glauben, die unglaubhaft und unglaubwürdig sind (Glaubensleistung) nimmt in gleichem Maße ab.

Jedwede Kirche oder Religion tut gut daran, sich darauf einzustellen und ihre Ladenhüter spät aber vielleicht doch noch rechtzeitig über Bord zu werfen. Der Tag an dem wir wissen, was Allah denkt war noch nie so nahe wie heute, aber er kann trotzdem noch unendlich fern sein. Der Wissensstand der Menschheit auf allen Gebieten nimmt mit nie dagewesener Schnelligkeit zu und wenn wir eines Tages intelligente Computer zur Verfügung haben werden, so wird sich dieser Prozess noch erheblich beschleunigen.

Bei allem versammelten Wissen der Menschheit über die Schöpfung im Mikro- und Makrokosmos, gehe ich davon aus, dass der Teil dessen, was wir wissen im Vergleich zu dem, was wir wissen müssen, wissen können und mit Gottes Hilfe wissen werden, noch bescheiden gering ist. Kein Grund also, sich auf dem Erreichten auszuruhen. Geben wir der Forschung auf allen Gebieten Priorität! Machen wir uns frei von dem Gedanken, Gott könnte irgend etwas derartiges als gegen sich gerichtet betrachten. Im Gegenteil, er erwartet eher ungeduldig, dass wir alle unsere geistigen Fähigkeiten voll nutzen. Unser Potential einsetzen, aber immer dabei klug Sorge tragen, der Schöpfung insgesamt keinen Schaden zuzufügen.

Die Überwindung des Krieges wird Heere und Waffen überflüssig machen, möge man rechtzeitig darüber nachdenken, wie all jene Arbeiter beschäftigt werden können, die heute immer noch Waffen herstellen, die in der Mehrzahl nicht gebraucht und nach Jahren der Pflege, Wartung und des Einsatzes bei Manövern und Paraden wegen Unbrauch-

barkeit oder Veralterung verschrottet, d. h. mit neuerlichem Kostenaufwand zerstört werden müssen. Ich rege an, die bisher aufgewen-
deten Mittel weiterhin aufzubringen, um Güter herzustellen, die den
armen Ländern dieser Welt helfen können, sich aus Not und Armut zu
befreien. Da in Waffen investiertes Geld von Anfang an verlorenes
Geld ist und damit keinerlei produktive Wirkung erzielt wird, kann man
die Güter, die statt Waffen hergestellt werden, getrost an die bedürftigen Staaten verschenken! Man spart sogar die Kosten der späteren
Verschrottung der Waffen und sichert auf jeden Fall Arbeitsplätze im
eigenen Land.

Keinesfalls darf das durch Verzicht auf Waffen eingesparte Geld auf
welche Weise auch immer in bar ausbezahlt werden, da es überall und
auf absehbare Zeit Leute geben wird, die vorrangig ihre Taschen füllen, Beträge anhäufen, die sie niemals auszugeben vermögen und
gleichzeitig ihre Völker in Armut darben lassen. Wenn wir allgemeinen
Wohlstand erreicht haben, ist ein ungeheurer Gottesdienst erbracht.
Die Menschheit hätte eine neue Stufe ihres Seins erklommen. Vergessen wir aber nicht, dass am Ende des vergangenen Jahrhunderts
Waffenarsenale aufgelöst, gefährlichste Waffen zerstört und die Mengen an Gerät verringert worden sind und noch werden. Dies ist ein
riesiger Erfolg auf den alle Beteiligten stolz sein können und der alle
nicht Beteiligten mit Zuversicht erfüllen mag, dass die Menschheit auf
dem Weg in die richtige Richtung ist. Auch das nenne ich Gottesdienst.

Aber im Namen Gottes rufe ich auf, keine Waffen zu liefern an jene,
von denen anzunehmen ist, dass sie auch davon Gebrauch machen
werden! Dass gar keine Waffen nötig sind, um Änderungen unerträgli-
cher Situationen herbeizuführen hat beispielsweise Mahatma Gandhi
bewiesen. Er hat mit seinem Konzept des gewaltlosen Widerstands
einen unschätzbaren Anteil daran, dass die Weltmacht England ihre
Kolonie Indien in die Unabhängigkeit entlassen musste. Ohne selbst
Christ zu sein, hat er eigentlich christliche Grundsätze besser begriffen
und konsequenter angewandt als die überwiegende Mehrheit der be-
kennenden Christen sich vorstellen kann. Gleich ob Christ oder nicht
Christ, Gott war auf seiner Seite, er hat sein Ziel erreicht.

Nur ist leider festzustellen, dass er seiner Zeit weit voraus war. Er war der Mensch der Zukunft, der aus unbekannten Gründen in eine Gegenwart versetzt wurde, die noch nicht entwickelt genug war, um ihn zu begreifen und seine Handlungsweise zum Vorbild eignen zukünftigen Handelns zu nehmen. Es wäre hilfreich, die Erinnerung an ihn immer und immer wieder wach zu halten. Vielleicht hat er sein Beispiel die gewaltfreien Demonstrationen in der ehemaligen DDR beeinflusst, mit denen eine schwerbewaffnete Staatsmacht in die Knie gezwungen wurde, und eine der Voraussetzungen für die friedliche Wiedervereinigung des geteilten Deutschland geschaffen wurde. Man sieht, Ziele sind auch gewaltfrei und ohne Kriege zu erreichen und man dürfte dem Ruf „Wir sind das Volk" getrost hinzufügen „und Gott ist mit uns".

Welch schweres Hindernis stellt in dieser Beziehung die kriegerische Ausrichtung des Islam für die Gläubigen Allahs dar! Können sie doch kaum verstehen, dass Gewaltanwendung trotz allem was im Koran steht, nicht im Sinne ihres Gottes ist, der ja unser aller Gott ist und keine Unterschiede gelten lässt. Vielleicht sollten sie einmal darüber nachdenken, warum in den „Heiligen Kriegen" der letzten Zeit nicht Ayatollahs und Imame an vorderster Front kämpften, sondern Kinder und Analphabeten. Die Ayatollahs und Imame müssten doch zuallererst daran interessiert sein, so schnell wie eben möglich ins Paradies zu gelangen! Glauben sie am Ende selbst gar nicht an das, was sie jenen verheißen, die sie in den Tod geschickt haben? Oder sind sie der Auffassung, als Mullah, Ayatolla oder Imam ein angenehmeres Dasein zu haben, als im Paradies?

Es ist nicht zu übersehen, dass es wohl eine Tendenz gibt, den Spatz in der Hand, das irdische Leben nämlich, der Taube auf dem Dach, dem Platz im Paradies also, so lange es nur irgend geht, vorzuziehen. Weit vom Schuss gibt alte Mullahs! Kein Gläubiger Muslim sollt sich mehr selbst als Bombenträger in die Luft sprengen in der Hoffnung auf den versprochenen Platz im Paradies, bevor nicht wenigstens zehn Ayatollas mit gutem Beispiel vorangegangen sind und ihn im Paradies dann gebührend empfangen können.

Warum übrigens fällt es den Gläubigen überhaupt nicht auf, dass es sich gar nicht lohnt für irdisches Geld, Gut oder sonstige Ziele zu kämpfen, wenn die wirkliche Erfüllung ja doch im Jenseits zu erlangen ist? Also auch für Muslime gibt es genügend Anlass zu erkennen, dass Gott nicht mit dem sein kann, der Krieg und Gewalt gegen seine Schöpfung als ein taugliches und erlaubtes Mittel betrachtet und anwendet. Also Friede und miteinander reden. Wie lange es auch dauern mag, die Ergebnisse werden sogar Muslime lehren, dass Gott dann mit ihnen ist.

2.   GOTT UND „DAS BÖSE"

Soeben lese ich in „Der Spiegel" Nr. 51/96 S. 68 die Besprechung eines Buches von Joseph Kardinal Ratzinger. Der letzte Absatz, den ich wörtlich wiedergebe, liefert mir das Stichwort für einige Ausführungen, die mir dringlich erscheinen. Es heißt dort: „Im übrigen treibt ihn (den Kardinal) eine alte und wahrscheinlich unlösbare Kinderfrage um, die schon Hiob nicht ruhen ließ. Sie lautet, warum ist „das Böse" in der Welt so stark?" (Zitat Ende)

Ich danke dem Kardinal, dass er mir einen so schönen Aufhänger geliefert hat, um das loszuwerden, was ich zu sagen habe. In der Tat, ich habe zum Thema viel gelesen und praktisch nichts gefunden, was zu einer dauerhaften Erhellung beigetragen hätte. Das Thema scheint klebriger als Kuchenteig und die meisten Autoren sind, bildlich gesprochen, binnen Kurzem über und über damit bekleckert, der Teig ist aufgebraucht und ein Kuchen ist nicht zustande gekommen. Versuchen wir es also so einfach wie möglich:

Ich unterstelle, dass der Kardinal ebenso wenig wie ich an der Allmacht Gottes zweifelt. Daraus folgt zwangsläufig, dass „das Böse" nichts sein kann, was nicht dem Einfluss Gottes unterläge. Ebenso ist damit auszuschließen, dass es unabhängig von Gott entstanden sein könnte. Wenn es „das Böse" gäbe, so müsste Gott es geschaffen haben, das aber schlisse ich ebenfalls aus, da ich Gleichgewicht und Harmonie als Grundgesetze von Gottes Schöpfung betrachte. Davon allerdings sind negative und positive Abweichungen möglich.

Da alles also auch die Schöpfung prozessual abläuft, sind auch positive und negative Abweichungen immer in unterschiedlichen Positionen in bezug auf eine Ideallinie der Harmonie zu sehen, mit der Tendenz sich dieser immer mehr anzunähern. Diese Prozesse laufen freilich in so gewaltigen Zeiträumen ab, dass wir in den wenigen Generationen in denen die Menschheit in der Lage ist, bewusst Beobachtungen anzustellen, den Eindruck gewinnen, als sei alles statisch, als bewege sich nichts. Wer fürderhin die Statik zum Gesetz erhebt, obwohl alles in Bewegung ist, indem er uralte, längst unbrauchbar gewordene Schriften für unantastbar wahr und heilig erklärt, der hat jede Möglichkeit verspielt, das wahre Wesen Gottes zu erkennen. Wer unter Gemälden wandelt, auf denen „Gottvater" mit wallendem Bart vor meist blauem Hintergrund dargestellt ist, und auf denen gelegentlich auch der „Teufel" als Verkörperung des Bösen dargestellt ist, der büßt ganz offenbar die Fähigkeit ein, den Dingen mit Hilfe seiner kostbarsten Gottesgabe, mit Hilfe seines Verstandes nämlich, ganz nüchtern auf den Grund zu gehen. Dies ist möglich, ohne sich nur im geringsten mit Teig zu beschmieren und es bedarf nicht einmal seitenlanger Abhandlungen.

Weder hat Gott das Böse erschaffen, noch ist es ohne sein Zutun entstanden. Die Lösung ist viel einfacher: „Das Böse" gibt es gar nicht! Es handelt sich um eine menschliche Wortschöpfung, eine Begriffsbildung, um alles pauschal und undifferenziert bezeichnen zu können, was negativ von einer erdachten, für richtig erachteten und angeblich von Gott oder auch von den Menschen (z. B. vom sogenannten „Gesetzgeber") vorgegebenen Norm abweicht. „Das Böse" ist schlicht eine definierte Größe, ein Arbeitstitel, der erspart, auf jede konkrete Situation der „negativen Normabweichung" im einzelnen einzugehen. Außerdem handelt es sich um einen „relativen Begriff" in zweierlei Beziehung.

1. Beziehung: Einfache Beispiele: Ein Löwe der eine Antilope reißt, tut für sich und sein Rudel etwas Gutes. Der genau gleiche Vorgang ist aus der Sicht der Antilope natürlich „böse". Der Einbrecher, der in ein Haus eindringt, hat seine Bereicherung, also etwas für ihn Gutes im Sinn, fügt aber dem Bestohlenen Böses zu. Damit leite ich über zur Relativität der

2. Beziehung: Die Tat des Einbrechers ist nicht nur relativ wegen der unterschiedlichen Sichtweise von Dieb und Bestohlenem (und der Mehrheit der Gesellschaft,) sie ist auch relativ im Bezug auf bestehende Normen. Der Dieb verstößt gegen 5. Mose 5/19, „Du sollst nicht stehlen" und natürlich gegen staatliche Gesetze. Er bricht eine oder mehrere Normen, er weicht negativ von ihnen ab oder einfacher gesagt: er tut etwas Böses.

Aber halten wir fest: Sein Tun ist nicht absolut, sondern wie eben gezeigt in doppelter Hinsicht relativ!

Ich mache die Abhängigkeit von der Norm nochmals ganz deutlich: Wer in einem Staat, der keine Steuern erhebt auch keine Steuern bezahlt, dem ist mit Sicherheit auch nichts Böses vorzuwerfen. Tut er genau dasselbe in einem anderen Staat, der Steuern erhebt, so ist er dort ein „böser Steuersünder".

Ein Schmuggler, der Waren von einem Land in das andere transportiert, ohne Zoll zu entrichten, der tut etwas Böses. Lassen die Staaten ihre Zölle entfallen, so ist sein Tun plötzlich nicht mehr „böse". Der Mann ist vielleicht Transporteur, aber kein „Schmuggler" mehr! Wie man also leicht erkennen kann:

1.) Je mehr Normen existieren oder je mehr Normen aufgestellt werden, desto mehr negative Abweichungen (= das Böse) aus Vorsatz oder Unkenntnis sind möglich.

2.) Verzichtet man auf jegliche Norm - was natürlich nur in einem theoretischen Denkmodell möglich ist - so sinkt die Möglichkeit einer negativen Abweichung (also die Möglichkeit „Böses zu tun") auf Null.

Ich wiederhole also meinen Lehrsatz über das Böse und gebe ihm folgende endgültige Form:
„Das sogenannte Böse ist eine negative Abweichung von vorgegebenen Normen. Geht die Zahl der vorgegebenen Normen gegen Null, so geht die Zahl der möglichen negativen Abweichungen ebenfalls gegen Null".

Mathematisch ausgedrückt ergibt sich folgende Beziehung:

$$B = f(N)$$

B = das Böse
f = Funktion von
N = Norm

In Anlehnung an den von mir hoch verehrten John Northcote Parkinson, nenne ich diesen Lehrsatz. das „Förster'sche Gesetz". Ich hoffe damit einen dauerhaften Beitrag geleistet zu haben, damit in Zukunft die darunter fallenden Phänomene wissenschaftlich sauber und korrekt analysiert werden können, ohne dass alle Beteiligten mit Teig beschmiert, Kuchen oder Plätzchen gleichwohl aber nicht entstanden sind. Anstatt also in Zukunft in seitenlangen Abhandlungen mit einem so schwammigen Begriff wie „das Böse" zu hantieren, sollte man sich eben die Mühe machen, jeden Fall oder jede Kategorie negativer Abweichung von Normen einschließlich der Normen selbst zu analysieren und man wird feststellen, dass die jeweiligen negativen Abweichungen die unterschiedlichsten Ursachen haben (unsinnige Normen eingeschlossen!) So wird man der Wahrheit näher kommen, als es mit allem pauschalen Geschwafel über „das Böse" bisher möglich war.

Leider ist anzumerken, dass ich auch die Ausführungen von Frank J. Tipler in seinem Buch „Die Physik der Unsterblichkeit" S. 317 ff. unbefriedigend finde, obwohl ich in der Hauptsache mit ihm einig bin: Gott hat mit der Sache nichts zu tun! Man muss nur einmal erkannt haben, dass positive und negative Abweichungen von einer Ideallinie, die ich mit „Harmonie und Gleichgewicht" bezeichne, eine Gesetzmäßigkeit seiner Schöpfung sind.

Nun lässt sich also bei der Frage, die den Kardinal bewegt streng analytisch vorgehen. Folgende mögliche Konstellationen wären im einzelnen zu untersuchen:

1. Bei konstant gebliebener Zahl der Normen ist die Zahl der negativen Abweichungen im Zeitraum (x + n) gestiegen. „x" steht dabei für den Beginn und „n" für das Ende des betrachteten Zeitraums. Man kann den Sachverhalt auch anders formulieren:

Die Bereitschaft, Gesetze, Gebote, Regeln und Normen einzuhalten, hat abgenommen. Das „Böse" erscheint stark. Die Ursachen lassen sich analysieren. So wird sich z.B. kaum jemand für Gottes Gebote interessieren, wenn er erst gar nicht an Gott glaubt, oder nicht erkennt, dass er für sein Verhalten zu gegebener Zeit zur Verantwortung gezogen wird.

2. Im Zeitraum (x + n) ist die Zahl der Normen stark angestiegen und mithin nach vorstehendem Gesetz auch die Zahl der möglichen negativen Abweichungen. Sofern man den Fehler begeht, zwar die negativen Abweichungen zur Kenntnis zu nehmen, nicht aber die gleichzeitig angestiegene Zahl der Normen, so entsteht der irrtümliche Eindruck „das Böse" sei stärker geworden. Maßgeblich für eine mehr als intuitive Aussage ist also immer die Verhältniszahl zwischen der Anzahl der betrachteten Normen und den sie betreffenden negativen Abweichungen. Dabei kann sich herausstellen, dass sich trotz subjektiv empfundener Stärkung des „Bösen" (= hier immer definiert als negative Abweichung von einer Norm (N)) ein objektiver Rückgang nachzuweisen ist.

3. Die Bereitschaft zur negativen Normabweichung hat zugenommen, gleichzeitig hat die Zahl der Normen zugenommen d.h. es addieren sich zwei Faktoren, die zur negativen Normabweichung führen: Das „Böse" wirkt besonders stark, ja , es scheint als habe es überproportional zugenommen. Sofern dieser Prozess zufällig in einer Zeit stattfindet, in der eine Medienrevolution bewirkt, dass fast Jedermann im Augenblick in dem sich irgend etwas ereignet, davon auch Kenntnis erhält, tritt ein nie dagewesener Verstärkereffekt ein. In Bosnien begangene Greueltaten können von jedermann unverzüglich per Fernsehen im Wohnzimmer begutachtet werden, während die Historiker noch heute damit beschäftigt sind, die Greueltaten der „Inquisition" aufzuklären.

Zum Thema Inquisition noch einige Bemerkungen: Es ist erstaunlich, wenn eine Institution die Stärke des Bösen verwundert beklagt, nachdem sie in früherer Zeit selbst vorgeführt hat, wie Normen unterlaufen werden können.

Menschen wurden ertränkt oder verbrannt, damit hat man Blutvergiessen vermieden und das Moses´sche Gebot „Du sollst nicht töten" war ja wohl nicht so ernst gemeint? Oder gilt es nur nicht für alle? Oder nur in bestimmten Situationen, wie z.B. für das „ungeborene Leben"? Kann man die Kinder ruhig verhungern lassen, wenn sie denn erst einmal geboren sind? Armer Kardinal Ratzinger!

Doch zurück zum Thema: Man sieht, lässt man den Teufel erst einmal das sein, was er ist, nämlich eine Erfindung von uns Menschen, der wir unsere eigenen Gemeinheiten zuschreiben, mit denen wir am liebsten selbst nichts zu tun hätten, und lässt man ihn damit fürderhin aus dem Spiel, dann bleibt uns nichts anderes übrig, als die Verantwortung für die negativen Normabweichungen oder „das Böse" selbst zu übernehmen. Und Gott ist ebenfalls aus dem Spiel, sofern man nicht darauf beharrt, dass er es war, der die ganze Sache mit den Normen erst in Gang gesetzt hat. Und zwar einmal mit seiner Verbotsgeschichte im Paradies und dann mit den 10 Geboten, die er dem Moses übergeben hat und seinem ganzen Zirkus von Geboten und Verboten, mit denen er wie schon erwähnt als Dompteur ziemlichen Schiffbruch erlitten hat.

Ich jedenfalls gehe davon aus: Gott hat mit dieser Sache nicht das Geringste zu tun, das ist einzig und alleine Menschenwerk und wir haben es so oder so zu bewältigen. Wenn man erst weiß, womit man es zu tun hat, dann lassen sich auch Strategien zur Entgegnung entwickeln. Ich komme darauf später zurück, denn während mein Freund Northcote Parkinson sich auf den Standpunkt stellte, es sei nicht Aufgabe des Wissenschaftlers, das Unkraut zu jäten, ihm genüge vielmehr, sagen zu können, wie schnell es wachse, bin ich eben zu wenig Wissenschaftler, um mir einige konkrete Hinweise zum Thema „Unkraut jäten" weiter hinten verkneifen zu können.

Ich kann mir schlechthin nicht vorstellen, dass ein so gelehrter Mann, wie der Kardinal Ratzinger auf all das, was ich hier geschrieben habe, nicht selbst schon lange gekommen ist, dass er sozusagen meiner bescheidenen Nachhilfe bedürfte, vermag ich kaum zu glauben. Wie dem auch sei, ich gehe schon davon aus, dass er meinen Ausführungen vielleicht bis auf den Satz mit dem Paradies und den zehn Geboten wird zustimmen können. Wer weiß, vielleicht nimmt er mir ja sogar den ab, wenn er sich denn die Mühe gemacht hat, mein Buch bis hierher zu lesen und verstanden hat, wohin die Reise geht, nämlich weg von dem alten Mann mit dem langen Bart, vor dem blauen Hintergrund. Trotzdem soll Gott bleiben, was er immer war, kein „Weltgeist" wie bei Hegel und kein Q-Punkt, sondern unser aller allmächtiger, allweiser, barmherziger und viel zu oft unser allgeduldiger Schöpfer und Vater, den wir besser zu verstehen lernen müssen, wenn wir ihm denn näher kommen wollen. Dazu ist es wenig hilfreich, wenn wir vor ihm auf dem Bauch liegen und in Ehrfurcht und Anbetung erstarren. Ihm ist viel mehr damit gedient, wenn wir uns um unseren Kram kümmern und ihn nicht für alles und jedes verantwortlich machen, was wir uns selbst eingebrockt haben und auch gefälligst selbst wieder in Ordnung bringen sollen. Man halte sich doch wenigstens an Matthäus 6, 5 - 8. Vor allem: „Euer Vater weiß, was ihr bedürft, ehe denn ihr ihn bittet".

Bleibt mir noch ein Wort von Kardinal Ratzinger. Er soll gesagt haben, wieso Gott so ohnmächtig bleibt, wieso er „auf diese ganz merkwürdig schwache Art" herrscht, eben als Gekreuzigter, als einer, der selbst gescheitert ist. Vermutlich wolle er es nicht anders - aber warum nur? Es liegt mir fern, dem Kardinal hier in Überheblichkeit zu begegnen, nein, ich räume ein, vieles ist schwer oder fast gar nicht zu verstehen.

Mich persönlich hat das Holocaust-Verbrechen in die allerschlimmsten Zweifel an Gott gestürzt auch darauf muss ich weiter hinten noch zu sprechen kommen. Jedenfalls ist Gott ganz anders, als der Kardinal Ratzinger ihn sich vorstellt. Er hat wohl im Unterbewusstsein die Vorstellung des „Deus ex machina" der griechischen Tragödie, der immer in Erscheinung tritt, wenn alles so verfahren ist, dass mit menschlichem Handeln alleine eine Lösung der Probleme nicht mehr möglich ist. Einen solchen Gott suggeriert das AT, indem es Gott hier und da und dort eingreifen lässt. Zur Ehrenrettung Gottes sei gesagt, dass er ist wie er ist und mit dieser Aussage hat Mohammed zweifellos recht. Er ist nicht, wie der Kardinal Ratzinger ihn sich vorstellt. Dies ist nicht etwa ein Fehler Gottes, sondern ein Fehler des Kardinals. Wo nichts Authentisches über Gott zu finden ist, kann man sich bemühen Heilige Schriften noch so „recht" zu lesen, bessere Erkenntnis, ja Erkenntnis überhaupt gewinnt man dadurch nicht und das wird für immer so bleiben. Wenn man Gott also nicht findet, wo man ihn zu finden hofft, was liegt denn näher als ihn woanders zu suchen?

Ich habe gesagt, dass die Erkenntnis von der Gesetzmäßigkeit der negativen Abweichungen (Förster´s Gesetz) die Entwicklung von Strategien zur gegenläufigen Einwirkung ermöglicht. Es sind folgende Strategien denkbar, die ich hier zugegebenermaßen sehr abstrakt anspreche. Das ist noch kein „Unkrautjäten" im Sinne von Parkinson, aber ein Schritt auf dem Weg dorthin:

1. Man überprüfe die Zahl der Normen und reduziere sie auf das geringst mögliche Maß
   (= Liberalisierung)

2. Man halte an den Normen streng fest, verschärfe die Strafen für negative Abweichungen davon aber so dramatisch, dass negative Abweichungen davon nicht mehr gewagt werden.
   (= Fundamentalismus)

3. Man macht die Einhaltung gerechter und vernünftiger Normen so attraktiv, dass negative Abweichungen davon sich erübrigen. (= Idealtypus einer Demokratie).

Bleiben noch einige Erscheinungsformen „des Bösen" zu behandeln, bei denen es sich selbstredend auch um negative Abweichungen von der Norm handelt.

2.1 DIKTATUREN

Bankräuber werden von jedermann als Verbrecher betrachtet. Ich spreche dabei von Leuten, die maskiert oder unmaskiert, meist bewaffnet und friedliche Leute bedrohend in Bankfilialen eindringen und alles Geld rauben, dessen sie habhaft werden können.

Keine Frage, man ist sich einig, sie begehen eine negative Abweichung von der Norm, etwas „Böses". Schwieriger ist es schon mit jenen, die einige Nummer größer handeln und gleich die ganze Bank rauben, z.B. im Zuge einer sogenannten „feindlichen Übernahme". Sie bemächtigen sich der Mehrheit der Aktien, räubern die Bank im großen Stil aus und überlassen sie dann ihrem Schicksal. Das kann auf eine Art und Weise geschehen, in der noch nicht einmal negative Abweichungen von einer Norm feststellbar, die Täter nicht einmal Missetäter sind! Noch eine Nummer höher sind jene anzusiedeln, die nach dem Motto „think big" einen ganzen Staat klauen. Damit nicht jeder gleich erkennen kann, dass es sich wie bei Bankräubern um ganz gewöhnliche Verbrecher handelt, legen diese Ganoven, im allgemeinen „Diktatoren" genannt, Wert auf dezente Formulierungen, die sie gemeinhin als selbstlose Wohltäter erscheinen lassen.

Sie verjagen vorzugsweise korrupte oder unfähige Regierungen, sie verjagen andere Diktatoren, um die Herrschaft des Volkes wiederherzustellen, worauf man dann erfolglos ein ganzes Menschenalter wartet. Sie ergreifen die Macht, um den Staat vor Schlimmerem zu bewahren, um Minderheiten zu schützen, um Mehrheiten zu Ihrem Recht zu verhelfen und was der wohlklingenden Gründe mehr sind. Ihre Orientierung am Gemeinwohl vermag man daran zu erkennen, dass noch kein Fall bekannt wurde, in dem solche Räuber ganzer Staaten ärmer gestorben wären, als sie es zum Zeitpunkt ihrer Machtübernahme waren. Ausgenommen jene Fälle, in denen es den Staaten gelang, sich ihrer Räuber zu entledigen.

Während niemand auf die Idee käme, einem verurteilten Bankräuber Orden zu verleihen oder sie zu Staatsbesuchen einzuladen, werden Räuber ganzer Staaten oft mit ausgesuchter Höflichkeit behandelt, reisen hierhin und dahin und werden wie Cubas Fidel Castro sogar von Gottes Stellvertreter auf Erden empfangen. Dies hat freilich Tradition, denn auch Hitler und Mussolini wurden ja überaus zuvorkommend behandelt und keineswegs so, wie es sich für Verbrecher ihres Kalibers geziemt hätte.

Anstatt den lieben Gott zu fragen, warum er denn den bösen Diktatoren Armeen und Giftgas erlaubt und ihnen das Teufelszeug denn nicht um die Ohren haut, sollte der liebe arme Kardinal Ratzinger mal den kürzeren Weg zu Gottes Stellvertreter gehen, einfach ein paar Türen weiter, und den mal fragen, was der sich denn denkt, wenn er solchen Staatsräubern die Hand schüttelt, wenn er sie empfängt, sie besucht, anstatt sie mit allen ihm zu Gebote stehenden Mitteln so lange als Verbrecher anzuprangern, bis sie sich nicht mehr im Amt halten können. Statt dessen sagt der Kardinal zu Gott: Lieber Gott, es ist viel zu tun, fang du schon mal an, oder gar „Warum fängst du nicht endlich damit an, bist du dazu am Ende zu schwach?" Nein, verehrter Herr Kardinal, da haben Sie sich den falschen Gott ausgesucht! Der wartet nämlich in aller Ruhe darauf, dass Sie endlich begreifen, dass Sie derjenige sind, der etwas zu tun hat! Mit „weiter so" ist kein Blumentopf mehr zu gewinnen. Gott hat längst erkannt, dass UNO, NATO, KSZE und andere weltliche Organisationen einen zunehmend besseren Beitrag zur Durchsetzung seiner Ziele leisten, als seine Weltreligionen mit ihrem jeweiligen „Alleinvertretungsanspruch".

Diese weltlichen Organisationen, die sich ohne Berufung auf Gott doch ganz seinem Anliegen widmen, leisten immer mehr, um die Norm „Demokratie" weltweit zu etablieren und negative Abweichungen von dieser Norm z. B. „Diktaturen" schließlich ganz auszurotten. Mit seinen Juden, Christen und Muslimen hat Gott seit Jahrhunderten eher das Gegenteil dessen erreicht, als das was in seinen Plänen vorgesehen ist. Anstatt sich auf ihre Gemeinsamkeiten zu besinnen und im Namen Gottes zusammen zu arbeiten (wenn sie es denn schon nicht fertigbringen, sich zusammenzuschließen) haben sie gegeneinander Gewalt angewendet und negative Abweichungen von Normen verursacht, von denen sie nicht glauben sollten, sie wären im Sinne Gottes.

2.2 KRANKHEITEN

Nach meiner eigenen Definition ist „Krankheit" eine negative Abweichung von der Norm „Gesundheit". Wie ich gezeigt habe, ist eine negative Abweichung von einer Norm das, was man gemeinhin bisher als „Böses" bezeichnet: Eine Krankheit ist also per Definition „böse".

Weiter ist festzuhalten: während die überwiegende Zahl der bisher behandelten negativen Abweichungen von einer Norm von Menschen verursacht waren, weicht der Fall „Krankheit" von diesem Schema ab. Krankheit ist „böse", aber gleichwohl nicht vom Menschen verursacht ist also „das Böse" ohne menschliches Zutun. Also keine Regel ohne Ausnahme? Hat Gott also doch etwas „Böses" erschaffen oder zugelassen? Die Frage scheint schwierig, aber trotz aller zunächst gegenteiligen Indizien, neige ich dazu, sie zu verneinen. Offenbar haben wir es hier mit einem Sonderfall zu tun, der schöpfungsbedingt ist und somit Teil des Schöpfungsplanes:

Die tödliche Krankheit ist ein natürlicher Weg nach Gottes Willen das Lebensende eines jeglichen Lebewesens herbeizuführen. Gleichzeitig kann das Phänomen Krankheit unter den verschiedensten Gesichtspunkten betrachtet werden.

1. Es ist eine Herausforderung an den menschlichen Geist immer neue und bessere Wege zu finden, um Krankheiten zu bekämpfen, zu lindern, zu verhindern und am Ende möglichst auszurotten. Gott hat den Menschen eingeladen an seiner Schöpfung mit zu wirken. Er arbeitet an deren Perfektionierung. Medizinisches Forschen und Wirken zum Wohl der Menschheit und der Natur ist praktischer Gottesdienst.

2. Krankheit ist eine den Betroffenen auferlegte Prüfung, die sie erleben und bestehen sollen.

3. Krankheit ist eine gottgewollte Strafe

4. Krankheitserreger wie Bakterien und Viren sind ebenfalls Geschöpfe Gottes. Sie mitzunehmen hat die Arche Noah kaum belastet und so

waren sie mit an Bord, als die große Reise losging und wenn es nicht so war, so sind sie einfach außen mitgeschwommen. Der Mensch jedenfalls hat sich im Laufe seiner Entwicklung wegen seiner besseren geistigen Ausstattung erfolgreich gegen wilde Tiere behauptet, die viel größer und stärker waren als er! Er soll sich offenbar auch immer wieder erneut gegen Kleinstlebewesen behaupten müssen. Ich stelle mir vor, dass sie eine Herausforderung Gottes an die Fähigkeiten seiner Schöpfung „Mensch" darstellen, die das Ziel hat, den Erfindungsgeist, das Wissen und den Verstand der Forscher zu schärfen und zu entwickeln. Trotz aller ungelösten Probleme sind diese Forscher auf einem guten Weg. Ihre Arbeit ist gottgewollt, ist wie gesagt, „Gottesdienst".

Dabei spielt es keine Rolle, ob sie als Chirurgen Organe verpflanzen oder nur notwendige Korrekturen vornehmen, ob sie Genforschung betreiben, um herauszufinden, „wie Allah denkt" und um in seinem Sinne Einfluss nehmen zu können. Nichts findet ohne ausdrückliche Billigung Gottes statt, keine Entwicklung darf behindert oder verhindert werden, mit dem Hinweis es sei nicht von Gott gewollt. Natürlich ist aber auch von Gott gewollt, dass der Mensch sich seiner Verantwortung für die Schöpfung bewusst ist und Schaden von ihr fernhält. Krankheiten sind nichts, was nur den Menschen beträfe, sie sind ein Teil der Natur. Der Mensch unterscheidet sich von allen übrigen bekannten Lebewesen dadurch, dass er selbst Krankheiten hervorrufen, aber auch zu heilen vermag.

Es scheint eine ihm von Gott überlassene Aufgabe zu sein, Krankheiten zu erforschen und Mittel zu ihrer Heilung zu finden. Von Gott bestimmtes Ziel ist, dass der Mensch die völlige Herrschaft über Krankheiten erlangt und sie letztendlich - wie lange es auch immer dauern mag - endgültig ausrottet. Wenn man bedenkt, seit wie kurzer Zeit die moderne medizinische Forschung besteht, und welche Erfolge schon erzielt wurden, so erscheint es möglich, das Ziel in vielleicht weniger als zweihundert Jahren zu erreichen. Und was bedeuten 200 Jahre im Ablauf der Schöpfung?

Ich behaupte: Die Erforschung und Vertreibung der Krankheiten ist ein Bereich in dem Gott dem Menschen erlaubt, ja gar von ihm fordert, sich an der Vervollkommnung und Weiterentwicklung der Schöpfung zu beteiligen. Was Forscher auf diesem Gebiet leisten, ist Gottesdienst.

2.3 NATURKATASTROPHEN

Grundsätzlich sehe ich zwei verschiedene Typen von Naturkatastrophen:

1. Solche, die ohne menschlichen Einfluss und Zutun geschehen
2. Solche, die ihre Ursachen in menschlichen Fehlverhalten haben.

Zu 1. nenne ich das Beispiel Erdbeben. Sie entziehen sich völlig dem Einfluss des Menschen, sofern sie nicht etwa durch den Einsturz von alten Bergwerken hervorgerufen werden. Es handelt sich normalerweise um Naturereignisse, natürliche Vorgänge also, die belegen, dass - wie ich es behaupte - der Schöpfungsvorgang noch nicht abgeschlossen ist.

Nicht nur auf unserem Planeten, sondern im gesamten Universum finden ständig Veränderungen statt, die teils offensichtlich sind, teils nur schwer nachgewiesen werden können. Sofern es uns eines Tages gelingt, „herauszufinden, was Allah denkt", dann werden wir Sinn, Zweck und Ziel dieser Veränderungen erkennen können, dann werden wir vermutlich wissen, dass alles auf eine Vervollkommnung allen Seins hinausläuft. Wir sind aufgefordert auf allen Gebieten in diesem Sinne zu forschen, denn je genauer wir wissen „was Allah denkt", um so besser können wir den Schöpfungsbeitrag leisten, den Gott von einem jeden von uns erwartet.

2. Naturkatastrophen, die durch das Wirken des Menschen verursacht werden, sind z.B. Überschwemmungen infolge unbedacht begradigter Flüsse, Bergrutsche durch Waldzerstörung oder falsche Bebauung bzw. Nutzung der Berghänge.

Hier muss ich auch auf einen Vorgang zu sprechen kommen, der die Menschheit mehr bedroht, als es den meisten von uns bewusst ist. Durch ihn wird die Existenz der Menschheit ernsthaft in Frage gestellt. Die Erde war ursprünglich zu Lande nicht bewohnbar, da der Anteil von Kohlendioxyd (CO_2) in ihrer Atmosphäre so hoch war, dass menschliches oder tierisches Leben außerhalb des Wassers sich mangels Sauerstoff (O2) nicht entwickeln konnte. Durch den Prozess der „Photosynthese" entzogen die Pflanzen der Atmosphäre Kohlendioxyd CO2 und sonderten Sauerstoff O2 ab. Dadurch veränderte sich im Laufe der Jahrmillionen die Zusammensetzung des die Erde umgebenden Gasgemisches, das wir einfach „Luft" nennen. Der Sauerstoffanteil nahm zu, der Kohlendioxydanteil nahm ab. Damit war eines Tages die Voraussetzung erfüllt, dass tierisches Leben aus dem Wasser kommend, sich auf das Land ausdehnen konnte.

Die sich entwickelnden Spezies fanden den für ihre Atmung notwendigen Sauerstoff in ausreichender Menge in der Luft vor. Aus dem Atmungsorgan der Wassertiere, den Kiemen konnten sich die Lunge entwickeln, ein Vorgang, der bei der Entwicklung menschlicher Embryonen noch heute zu beobachten ist. Das atmungsfeindliche Kohlendioxyd blieb in der Materie der Pflanzen gebunden und versank mit deren Absterben in Sümpfen und Ozeanen in vorgeschichtlicher Zeit und so entstanden im Laufe der Jahrmillionen Ablagerungen, die riesige Mengen von Kohlenstoff enthalten. Diese Ablagerungen fassen wir heute unter dem Begriff „fossile Brennstoffe" zusammen, z.B. Kohle, Erdöl und Erdgas.

Leider hat Allah dem Mohammed nichts über diesen so wichtigen Prozess im Ablauf seiner Schöpfung geoffenbart. Auch durch Moses oder Jesus hat er der Menschheit darüber nichts mitgeteilt. Warum hat er, wenn er sich schon um die Offenbarung so nebensächlicher Dinge wie Erbrecht und Scheidungsfragen gekümmert hat, die so wichtige Information verschwiegen, dass man Erdöl und ähnliches Zeug besser dort hätte liegen lassen sollen, wo es sich seit Millionen von Jahren befand und keinen Schaden anrichten konnte, in der Tiefe der Erde nämlich?

Diese im Augenblick noch merkwürdig klingende Frage werden die Kinder und Kindeskinder jener frommen Muslime, die ihren Hauptreichtum aus dem Verkauf von Erdöl ziehen, in nicht zu ferner Zukunft häufig zu stellen haben. Warum hat Allah im Koran nicht geoffenbart, wie gefährlich es ist, fossile Brennstoffe zu fördern und zu verbrennen? Darüber in Unkenntnis gelassen hat man schon vor viel zu langer Zeit als es für die Erdatmosphäre vertretbar gewesen wäre damit angefangen, das CO2 wieder aus dem Boden zu holen und durch Verbrennung einen Prozess in Gang zu setzen, der bewirken wird, dass nach Verbrennung des letzten Tropfen Erdöls und des letzten Krümels Kohle der ursprüngliche Zustand der Unbewohnbarkeit der Landmasse unseres blauen Planeten wieder hergestellt sein wird.

Der CO2-Anteil unserer Atemluft wird wieder so hoch werden, wie vor Jahrmillionen. Was die Sintflut nicht vermochte, die Menschheit hätte sich ohne die Mitwirkung eines etwa erzürnten Gottes, Kraft ureigenster Fehlleistung und mangels einer göttlichen Botschaft selbst vernichtet. Der Schöpfungsprozess würde indes weitergehen und nach weiteren Millionen von Jahren hätten die Pflanzen die Luft wieder so weit gereinigt, dass neuerdings Menschen entstehen könnten, die ihre Sache vielleicht besser machen werden als wir.

Es bedarf unser aller größter Anstrengungen, wenn es noch gelingen soll, den Dingen einen anderen Verlauf zu geben. Die Apokalypse sieht anders aus, als die meisten von uns, wenn überhaupt, sich das vorstellen. Ich würde gerne an Herrn Kardinal Ratzinger die Frage richten, ob den Kirchen die Gefahr bewusst ist und welchen Beitrag sie zu leisten vermögen, um das Schlimmste zu verhindern. Die gleiche Frage richte ich an alle frommen Muslime. Was denkt Allah? Es wird nicht reichen, ihn um ein Wunder zu bitten, die sind nämlich in seinem Schöpfungsplan   nicht   vorgesehen.

3. DAS UNIVERSUM, ODER WAS GOTT TATSÄCHLICH ERSCHUF

Vielleicht will jemand vorschlagen, wir könnten ja, bevor es hier ganz ungemütlich wird, an einen sicheren Ort im Universum auswandern. Ich führe dazu einiges aus, was gemeinhin in Büchern nicht vorkommt, die sich mit Gott befassen. Indes bin ich der Meinung, dass jemand, der sein Wissen nur aus welchen „Heiligen Schriften" auch immer bezieht, nicht im Entferntesten zu ermessen vermag, was denn wirklich gemeint ist, wenn von Schöpfung die Rede ist. Ich vermag nur einen bescheidenen Eindruck zu vermitteln und empfehle jedem, der sich genauer informieren möchte, das Buch „Licht vom Rande der Welt" von Prof. Dr. Rudolf Kippenhahn zu lesen, dem ich die nachfolgenden Daten entnommen habe. Man muss sich damit beschäftigt haben um eine Vorstellung von den gigantischen Dimensionen von Gottes Schöpfung zu gewinnen.

Entfernungsangaben werden im Universum u.a. in Lichtjahren ausgedrückt. Das ist also die Entfernung, die das Licht in einem Jahr zurücklegt. Ein Jahr dauert 32 Millionen Sekunden. Das Licht selbst bewegt sich mit einer Geschwindigkeit von 300.000 km in einer Sekunde. Ein Lichtjahr in Kilometern auszudrücken verursacht bereits Probleme mit der Zahl der benötigten Nullen. Es sind 32 Millionen x 300.000 Km oder 960.000.000.000.000 Kilometer, die das Licht in einem Jahr durcheilt.

Die größte Entfernung, die ein Mensch bis heute aus eigener Kraft zurückgelegt hat, die Entfernung zum Mond nämlich, entspricht also etwas mehr als einer „Lichtsekunde". Die Entfernung zu unserer Sonne beträgt 150 Millionen Kilometer oder acht Lichtminuten. Ginge auf der Sonne das Licht aus, so würde es acht Minuten dauern, bis wir es auf der Erde bemerken.

Den Astronomen ist die Entfernungseinheit „Lichtjahr" zu klein, um damit Entfernungsangaben im Universum handlich genug ausdrücken zu können. Sie haben eigene Maßeinheiten geschaffen, z.B. das Parsek (pc). Dies (1 pc) entspricht einer Strecke von 31 Billionen oder 31.000 Milliarden Kilometern. Das Licht, das wir von einem Stern empfangen würden der 1 pc entfernt wäre, ist 3,26 Jahre unterwegs, bis es bei uns eintrifft. Mit dem Beispiel der Sonne gesprochen: Wenn auf einem 1 pc entfernten Stern das Licht ausgeht, so dauert es genau 3,26 Jahre bis wir dies auf der Erde wahrnehmen könnten.

Wie nahe oder wie weit sind aber Sterne außer jenen unseres Sonnensystems? Denken wir uns die Erde von einer kugelförmigen Hülle umgeben, die an jedem Punkt 1 pc oder 31.000 Milliarden Kilometer von uns entfernt wäre, so wäre in dieser Kugel außer unserer Sonne und den Planeten kein einziger Stern enthalten. Mit anderen Worten: Selbst wenn wir mit einer Geschwindigkeit von 300.000 km pro Sekunde 3,26 Jahre unterwegs wären, würden wir keinen einzigen Stern antreffen. (Fachleute meinen, dass irgendwann in der Zukunft 30.000 km/sec oder 10 % der Lichtgeschwindigkeit bei Weltraumreisen machbar sein werden.) Lichtgeschwindigkeit, oder gar mehr erreichen irdische Raumschiffe bisher nur in Kinofilmen oder im Fernsehen. Dass trotz allem Eifer von Wissenschaft und Technik je auch nur die Hälfte davon erreicht werden könnte, scheint so gut wie ausgeschlossen.

Der nächste Fixstern ist 1,31 pc von uns entfernt. Das Licht von ihm ist bis zu uns 4 Jahre und 3 Monate unterwegs. Ein Raumschiff mit 10 % der Lichtgeschwindigkeit oder 30.000 km/sec (es wäre in etwas mehr als 10 sec auf dem Mond!) braucht 43 Jahre, um ihn zu erreichen. Wenn wir die Hülle unserer Kugel um die Erde auf 6,45 pc vergrößern (= 6,45 x 31.000 Milliarden Kilometer), dann befinden sich darin etwa 100 Sterne. Ganze einhundert von mehr als einer Milliarde Sternen die alleine unsere Galaxie (die Milchstraße) darstellen.

Um die Entfernungen, die hier gegeben sind, einigermaßen wiedergeben zu können, bedient man sich der Einheit 100 x 1 pc = 1 Kiloparsek (kpc) das sind dann 3.260 Lichtjahre. Könnte man diese Entfernung mit halber Lichtgeschwindigkeit zurücklegen, so wäre man 6.520 Jahre unterwegs. Unser Sonnensystem ist vom Zentrum unserer Galaxie, der Milchstraße, etwa 10 Kpc oder 33.000 Lichtjahre entfernt. Um dorthin zu gelangen, ist man bei ½ Lichtgeschwindigkeit = 150.000 km/sec 66.000 Jahre unterwegs. Die uns am nächsten liegende Galaxie im Weltraum der sogenannte „Andromedanebel" ist 670 Kpc von uns entfernt. Das entspricht 2.211.000 Lichtjahren, d.h. das Licht, das wir in diesem Moment von dort erblicken, ist schon vor 2.211.000 Jahren auf die Reise gegangen, oder mit anderen Worten: wie es dort in diesem Moment tatsächlich aussieht, werden unsere Nachkommen in 2.211.000 Jahren sehen, sofern es sie dann überhaupt noch gibt. Der Andromedanebel ist dabei noch ganz nahe.

Das Universum ist reichlich mit Galaxien besetzt. Alleine im Sternbild der Jungfrau ist ein sogenannter „Galaxienhaufen" auszumachen, der aus ca. 2.500 Galaxien besteht. Um ausdrücken zu können, welche Entfernungen die Astronomen im All zu überblicken vermögen, arbeiten sie mit

1 Kpc x 1.000 = 1 Megaparsek (Mpc)
entsprechend etwa 16 Milliarden Lichtjahren.

Man kennt eine Galaxie, die ist 4.000 Mpc von uns entfernt. Man nimmt mit starken Teleskopen noch Licht wahr das von Objekten ausgeht, die 5.000 Mpc entfernt sind. oder 16.000.000.000 Lichtjahre (16 Milliarden). Nach derzeitigem Erkenntnisstand ist unser Sonnensystem 4,5 Milliarden Jahre alt. Wir sehen also Licht, das ausgesandt wurde, lange, bevor es unsere Erde und unser Sonnensystem gab und zwar 11,5 Milliarden Jahre vorher.

Das zu begreifen heißt zu begreifen, was Schöpfung ist und was immer irgendwo geschrieben stehen mag: Schöpfung und Geschöpfe stehen in engster Verbindung mit ihrem Schöpfer, sie liefern als einzige eine authentische Vorstellung von ihrem Schöpfer, sie spiegeln ihren Schöpfer wieder und vermögen am ehesten ein Bild davon zu vermitteln, um wen oder was es sich handelt.

Wer wissen will, „was Allah denkt", dem bleibt nur die Möglichkeit, die Antwort in seinen Werken zu suchen, sie sind unser einziger wahrer Anhaltspunkt. Es wird kaum zu einem brauchbaren Ergebnis führen, falsche Schriften „recht zu lesen". Viel eher führt das Studium der Schöpfung in allen ihren Details, die Erforschung der Werke des Schöpfers zur Erkenntnis über diesen Schöpfer und seine Ziele. Dies, so scheint mir, haben Wissenschaftler, vor allem Naturwissenschaftler besser erkannt, als Theologen, die an Geschichten festhalten, Dogmen aufstellen für „wahr" erklären, was eben nicht wahr und deshalb auf Dauer nicht zu halten ist. Die Wahrheit sucht sich ihre Wege und wird sie finden - auch wenn es noch tausend Jahre mehr dauern sollte.

Gottes Schöpfung ist unendlich viel großartiger und ehrfurchtgebietender, als man sich nach Lektüre von AT, NT und Koran vorzustellen vermag. Würden sich mehr Menschen mit den tatsächlichen Gegebenheiten von Gottes Schöpfung befassen und sich darüber informieren, dann könnten sie sich von Gott ein besseres Bild machen, dann wäre die Ehrfurcht vor der wahrhaft göttlichen Leistung der Schöpfung und die Bereitschaft an einen solchen Schöpfer zu glauben und ihm zu dienen wohl eine Selbstverständlichkeit.

Wer sich zusätzlich zu den Wundern des Universums noch über die Wunder der Welt der kleinsten Teilchen informiert, der bekommt eine Vorstellung von Gottes wahren Wundern. Dieser Gott denkt überhaupt nicht daran, derart unsinnige Vorstellungen zu geben wie behauptet wird z.B. mit 5 Broten 5.000 Menschen zu sättigen. Er hat seine wahren Wunder jenen geoffenbart, die in seiner Schöpfung allüberall danach gesucht haben, ohne notwendigerweise an Gott zu denken und nicht wenige waren von ihren Erkenntnissen genug beeindruckt, um an ihn zu glauben, auch wenn sie sich das am Anfang ihrer Forschertätigkeit gar nicht hätten träumen lassen.

Warum, so fragt man sich, hat Gott all die Wunder seiner Schöpfung nicht jenen geoffenbart, die „Heilige Schriften" verfasst haben, als Propheten auftraten oder sonst glaubten über Gott per Inspiration berichten zu können? Der Verdacht liegt nahe, dass er ihnen gar nichts geoffenbart hat, was nicht bedeuten muss, dass sie mit allem Unrecht hätten, worüber sie Aussagen gemacht haben.

4. ERLÖSUNG - WOVON?

Wie ich eingangs gezeigt habe, ist die Behauptung des Vorhandenseins einer „Erbsünde" auf Basis des angeblichen Vergehens von Eva im Paradies natürlich völlig unhaltbar. Gott wird damit u. a. folgendes unterstellt:

1. Er straft unverhältnismäßig und ohne jegliches Augenmaß

2. Er straft Adam für die Tat, die Eva begangen hat

3. Er nimmt zudem all deren Nachkommen in Sippenhaft, unabhängig davon, ob sie etwas getan, nichts getan, geglaubt oder nichts geglaubt haben.

4. Er sei barmherzig, wenn er jemandem eine Sünde erlässt, die der gar nicht begangen hat

5. Er müsse seinem Geschöpf „Mensch" Erlösung anbieten

All dies sind völlig ungeheuerliche Unterstellungen. Es sind Gotteslästerungen, vorgetragen ausgerechnet in der Bibel, der „Heiligen Schrift". Es ist wohl an der Zeit, Gott endlich in Schutz zu nehmen zum einen vor falschen Tatsachenbehauptungen mit völlig unsinniger Konsequenz und zum anderen vor der Darstellung, er selbst habe derartiges gar per Offenbarung mitgeteilt. Wahr ist, Gott hat mit alledem nichts zu tun. Nur Menschen sind fähig, sich solchen Unsinn auszudenken und jeder sollte sich fortan hüten, daran auch noch zu glauben.

Warum zum Beispiel sollte er seine Geschöpfe „erlösen" müssen und wovon? Er hat sie ja gerade dazu ausersehen zu leben und im Ablauf der Schöpfung eine nützliche Rolle zu spielen. Er hat ihnen den Vorzug gewährt, sich der wahren Wunder seiner Schöpfung zu erfreuen. Er hat sie mit allem ausgestattet, was notwendig ist, diese wahrzunehmen. Aber es scheint, als habe er auch viele mit Blindheit geschlagen und man darf sich fragen, warum gerade jene vielfach große Macht ausüben.

Strafe verdienen all jene, die mit unsinnigen Unterstellungen und unwahren Behauptungen über angebliche „Offenbarungen" die Menschen in Vergangenheit und Gegenwart davon abhalten gerade das zu tun, wofür Gott sie tatsächlich erschaffen hat, nämlich bewusst mit Freude und Genuss schöpferisch und aktiv ihr Leben zu gestalten, sich gegenseitig nach besten Kräften zu helfen, sich selbst verwirklichen zu können und dabei - jeder nach seinen Möglichkeiten einen Beitrag zu leisten, um die Schöpfung zu bewahren und zu verbessern. Dazu gehört vor allem, beizutragen, dass für alle Menschen das Leben angenehm und lebenswert ist. Wir sind es Gott schuldig, dass wir alle unsere Mitmenschen in menschen- und damit gotteswürdige Lebensumstände versetzen. Die Zahl derer ist groß, die diese Aufgabe richtig erkannt und sich ihrer angenommen haben.

Jesus und Mohammed haben ja nicht versäumt darauf zu drängen, den Nächsten zu lieben und Almosen zu geben, wenngleich vielfach schwach ausgedrückt (z.B. Math. 6 1-4). Eine stürmische Bewegung mit dem Ergebnis, dass heute, nachdem viele Jahrhunderte vergangen sind, die Probleme gelöst wären, ist weder durch Jesus noch durch Mohammed in Gang gesetzt worden. Wären alle finanziellen Mittel, während aller Jahrhunderte zu Wohle der Bedürftigen verwendet worden, anstatt für Waffen, mit denen angeblich „Gläubige" gegeneinander oder gegen Andersgläubige Krieg geführt haben, so wären wir Gottes Ziel, dass nämlich alle Menschen sich eines gesicherten Daseins erfreuen sollen, schon sehr nahe gekommen. Halten wir also fest, die Religionen und Organisationen, die sich Gott oder Allah verschrieben haben und sich auf seine angeblichen Offenbarungen berufen, waren trotz aller tieferen Einsicht, die mit diesen Offenbarungen hätte verbunden sein müssen, bis heute nicht in der Lage, die Probleme der Armen und damit der Mehrheit der Menschen auf dieser Erde zu lösen. Und es sieht nicht danach aus, als sollte sich daran etwas ändern.

Es scheint, als hätten die Weltbank und die Vatikanbank ihre Rollen vertauscht, will sagen, man gewinnt den Eindruck, die Vatikanbank sei vorwiegend dazu da, den Wohlstand der katholischen Kirche zu mehren, während die Weltbank mit ihrer Arbeit sich tatsächlich um die Bekämpfung von Not und Armut kümmert, also Gottesdienst leistet.

Wo sind denn die Mullahs, die angekündigt haben, unter ihrer Regierung werde die Armut in ihren Ländern ausgelöscht? Sie sind zwar an der Regierung, aber die Armut ist eher größer als geringer geworden denn zuvor! Anstatt die Armut zu bekämpfen haben sie erst einmal all jene getötet und verfolgt, die nicht ihrer Meinung waren. Nachdem sie dieses blutige Werk fast vollendet haben, müssen sie sich vorhalten lassen, dass sie weder in der Welt noch in ihrem Land außer sinnlosem und vor allem gottlosem Blutvergießen nichts bewirkt haben.

Man lese dazu aufmerksam die Ausführungen von Großscheich TANTAWI von der Azahar Universität in Kairo (Spiegel Nr. 3/97 S. 119) Er sagt: „Es gibt nur den Islam des Friedens". Das ist richtig und wahr, aber wann wird es auch der letzte gläubige Muslim begriffen haben? Und vor allem, wird denn genügend für deren Aufklärung getan? Ich meine: nein! Menschen die durch den verantwortungslosen Teil der Menschheit in Unglück gestürzt wurden, harren sehr wohl der Erlösung, aber der Erlösung von jenen, die ihnen nicht erlauben so zu leben, wie es Gottes Wille ist: in Ruhe, Frieden und Wohlstand.

Ruhe und Frieden haben die Offenbarungsreligionen nicht gerade gefördert und für den Wohlstand sind sie vielleicht nicht zuständig. Das wäre wohl eher eine Sache jener gläubigen Muslime, denen Allah ohne ihr eigenes Zutun all die vielen Ölmilliarden hat zukommen lassen. Anstatt die eigenen Konten damit zu füllen sollten sie häufiger in ihrer Heiligen Schrift nachlesen, wie oft ihr Prophet dazu aufgefordert hat, den Armen zu helfen. Würden sie dies beherzigen, so müsste in Afrika kein Kind mehr an Hunger sterben. All jene, die in der Liste der reichsten Menschen dieser Welt erscheinen, sollten sich zu Tode schämen, solange es ihnen mit all ihrer Macht und all ihrem Geld nicht gelingt, Not und Elend in der Welt endgültig zu beseitigen. Oder sollte es ihnen am Ende einfach gleichgültig sein? Erlösung, das ist nur etwas für jene, die da „mühselig und beladen" sind, für jene, die Not leiden.

Ob innere Not oder äußere Not, warum sollte Gott dafür verantwortlich sein, wo wir doch alle Mittel von ihm erhalten haben, um sie zu lindern oder gar ganz zu beseitigen? Religion trägt dazu bei, dass all jene, die vor Gott die Verpflichtung tragen, kraft ihrer Möglichkeiten Not und Elend aus der Welt zu verbannen, sich aus der Verantwortung zu stehlen vermögen. Sie können ja davon ausgehen, dass Gott selbst die hier und jetzt Armen und Notleidenden irgendwann im Jenseits huldvoll und gnädig bedenken und entschädigen werde. (z.B. Matth. 5, 3-12).

Die Zuständigkeiten sind also klar verteilt, wozu denn mehr tun als unbedingt notwendig? Während die Notleidenden der Erlösung harren, habe ich noch keinen Reichen getroffen, der sich der Erlösung bedürftig gefühlt hätte, sofern er bei klarem Verstand und ordentlicher Gesundheit war. Im Gegenteil, um die drohende „Erlösung" möglichst weit hinauszuschieben, werden die besten Ärzte bemüht und gut für ihre Dienste entlohnt. Merke also: Erlösung ist nur etwas für Arme und Notleidende. Wer aber tatsächlich so denken und entsprechend handeln bzw. nicht handeln sollte, der möge sicher sein, dass er Gottes Zorn hervorruft, weil er erkennbar gegen dessen Schöpfungsplan verstößt.

Es ist unserer, der Menschen Aufgabe, dafür zu sorgen, dass niemand der Erlösung von seinem irdischen Dasein bedarf, weil es menschenunwürdig ist. Gott hat uns unser irdisches Dasein keineswegs deshalb ermöglicht, damit wir uns danach sehnen möglichst schnell wieder davon erlöst zu werden. Wäre dies so, dann hätte Herodes mit seinem Kindermord (den er ja nicht begangen hat) durchaus Gott wohlgefällig gehandelt, indem er die Kinder erlöste, noch bevor Not und Armut ihnen das Leben zur Last werden lassen konnten! Nein, so ist es gewiss nicht! Jeder von uns hat für sich eine Aufgabe in seinem Leben zu erfüllen - ein Lebenswerk zu vollbringen nach seinen Gaben und seiner Begabung bemessen. Dafür trägt er Verantwortung, danach wird Gott ihn beurteilen. Das ist schwer genug, aber er möge sicher sein, dass er weder mit Erbsünde belastet ist, noch für die Missetaten anderer gerade stehen muss. Dafür bedarf es auch keiner Erlösung.

Es wird Gottes Anforderungen kaum genügen können in Klöstern zu leben und fromme Traktate zu lesen. Sozusagen „recht zu lesen" was tatsächlich falsch ist und was (weil falsch) nicht dazu führt, Gottes Wahrheit zu erkennen und zu begreifen. Nein, Aktivität tut Not: wir sollen darauf hinwirken, dass - wenn schon nicht alle Geschöpfe Gottes, so doch wenigstens die Menschen in der Umgebung von Gottes Schöpfung sich so wohl fühlen, dass sie keiner Erlösung bedürfen, dass sie ihr Leben nicht als Last oder gar Strafe begreifen, sondern bewusst und gerne leben und gestalten - jeder so gut er kann. Keiner soll darauf hoffen müssen, es werde ihm im Jenseits, im Paradies, im Himmel oder wo immer nach dem Tode besser ergehen als in irgendeinem Moment seines irdischen Daseins.

Mögen die Reichen vielleicht darauf hoffen nach dem Ende ihrer irdischen Existenz in irgendeiner vergleichbaren Weise, ohne Krankheit und körperliche Gebrechen weiterexistieren zu können wie auf der Erde. Man stelle sich vor, was könnte für Bill Gates schöner sein, als irgendwann im Jenseits Windows 95 x 10 zu entwickeln? Seine Milliarden brauchte er dafür nicht, weshalb er einen guten Teil davon schon zu Lebzeiten zur Linderung der Not in der Welt einsetzen könnte (wie z.B. auch der Sultan von Brunei und der Rest der Superreichen dieser Welt). Ich meine etwas Besseres könnte ihm im Jenseits kaum passieren, wovon sollte man ihn erlösen?

5. ÖKUMENE UND MEHR - WOZU?

Unter Ökumene versteht man die Gesamtheit der christlichen Kirchen, aber auch den von Menschen bewohnten Siedlungsraum. Da es in dem vom Menschen bewohnten Siedlungsraum auch noch andere Offenbarungsreligionen außer dem Christentum z.B. das Judentum und den Islam gibt, erlaube ich mir für meine Nachfolgenden Überlegungen den Begriff nicht auf das Christentum und seine Kirchen (300 verschiedene im Jahr 1990) zu beschränken, sondern auf alle Offenbarungsreligionen ausgedehnt zu benutzen, die an einen einzigen Gott glauben.

Ist es schon aussichtslos genug, 300 verschiedene christliche Kirchen unter einen Hut zu bringen, so wird die Sache unter Einbeziehung von Juden und Muslimen noch aussichtsloser. Ihnen allen ist Gott nicht wichtiger als ihre unterschiedlichen Vorstellungen, die sie von ihm haben. Auch wenn Kompromisse der Art möglich wären, dass die einen Jesus als einen Propheten, die anderen ihn als ihren Messias, ihren Christus eben und die dritten ihn als einen ehemaligen jüdischen Mitbürger betrachten, so ist das Ganze doch ein erkennbar aussichtsloses Unterfangen. Die Beteiligten würden sich in Streitfragen doch weit eher die Köpfe einschlagen, als sich über oder auf irgend etwas gemeinsames zu verständigen. Es ist doch gar keine Frage, dass von allen Beteiligten an gemeinsamen Konferenzen einer rechtgläubiger ist, als der andere und außerdem der sicheren Überzeugung, dass eigentlich nur seine Fraktion - und dies ohne wenn und aber, - Gott auf Erden richtig versteht und würdig zu vertreten vermag.

Der gute Professor Hans Küng müht sich redlich um die Erreichung von etwas Gemeinsamkeit, z.B. in seinem Buch „Theologie im Aufbruch" mit dem vorsichtigen Untertitel „Eine ökumenische Grundlegung". Der „Herr der Paradigmen" so möchte man ihn nach diesem Buch wohl nennen, glaubt er denn wirklich, es hätte ihn irgendeiner verstanden, der nicht über eine ihm annähernd ebenbürtige Bildung und entsprechenden Kenntnisstand verfügt und wer könnte das je von sich behaupten? Er will wohl das Richtige, aber warum ist es dem

„Herrn der Paradigmen" bloß versagt geblieben, sein Anliegen den Gläubigen aller Richtungen leichter verständlich zu machen.

Er hat Positionen der katholischen Kirche aufgegeben oder in Frage gestellt. Dafür hat man ihm seine Lehrbefugnis seitens der katholischen Kirche entzogen, was völlig unnötig war. Er hat Geist und Intelligenz verschwendet, aber wohl kaum erkannt, dass es darauf ankommt auch komplizierte Dinge so einfach darzustellen, dass sie jedermann versteht. Statt dessen unterliegt er dem Zwang einfache Dinge so zu komplizieren, dass am Ende keiner mehr versteht, was eigentlich gemeint ist. Damit ist die Gefahr für die katholische Kirche von ihm selbst beseitigt, oder besser gesagt: sie hat nie bestanden. Es ist daher völlig egal, ob Herr Küng innerhalb oder außerhalb der katholischen Kirche wirkt: es verändert gar nichts! Im übrigen kuriert er an Übeln, die nicht heilbar sind und selbst Gott hat längst die Hoffnung aufgegeben, seine Gläubigen könnten sich auf ein gemeinsames Bild über ihn verständigen.

Glaubt denn irgend jemand im Ernst, dass Sunniten und Schiiten, die ja erklärtermaßen an Allah glauben und die gleiche „Heilige Schrift" lesen, sich vereinigen könnten? Dass alle übrigen Sekten des Islam in Allah sich auf die richtige Koranauslegung des Großscheichs Tantawi von der Universität Kairo verständigen, könnten und die Taliban in Afghanistan demzufolge ihr gottloses Tun einstellen würden von dem sie glauben, es sei im Sinne Allahs? Glaubt denn einer, Orthodoxe, Katholiken und Protestanten nebst allen Sekten und vor allem die Zeugen Jehovas würden sich auf Gott und Jesus, den sie Christus nennen, besinnen und alles Trennende über Bord werfen? Wohl kaum! Und wer schließlich glaubt, Juden Christen und Muslime könnten sich gar um Jahwes, Gottes oder Allahs Willen (was ja immerhin dasselbe ist!) zusammenfinden, um gemeinsam herauszufinden, „was Allah denkt", der lebt in einer anderen als der real existierenden Welt. Wer dies zu erreichen versucht, der verschwendet Geist und Verstand für eine Sache, die ganz und gar aussichtslos und im übrigen völlig unnötig ist.

Gott hat mit seinen Religionen gar keine Pläne mehr. Er hat längst eingesehen, dass die nicht dazu taugen, seine Ziele zu fördern. Er ist der

Rechthaberei, des Über-Glaubens, der diversen Alleinvertretungsansprüche leid und die Gläubigen merken das auch. Sie laufen in Scharen weg, ohne eigentlich zu wissen, wohin. Sie würden schon in Gottes Nähe bleiben wollen, wenn sie denn wüssten, wo die ist.

Ich behaupte, Gott hat erkannt, dass es eher die sogenannten „weltlichen" Organisationen und Einrichtungen sind, die seinen Zielen dienen. Solche die nicht ständig von sich behaupten, im Namen Gottes zu handeln, aber dennoch das Richtige tun. Demokratisch gewählte Parlamente und Regierungen die vernünftig Gesetze zustandebringen und unabhängige Gerichte, die über ihre Einhaltung wachen. Internationale Organisationen, zuständig für die Bewahrung von Frieden, der Pflege und Erhaltung der Umwelt (=Schöpfung), der Erreichung von Wohlstand für alle Menschen, der Unterstützung und Förderung von Wissenschaft und Forschung.

Gott weiß aus bitterer Erfahrung der Vergangenheit, dass es am besten ist, wenn eine anscheinend „gottlose" Menschheit im Sinne seiner Schöpfung wirkt. Da kann er ganz gut auf Gläubige verzichten, die sich um ihre Überzeugung (angeblich in seinem Namen!) Religionskriege liefern. Dass sie dazu singen, beten, vor ihm knien, auf dem Boden liegen, ihn anbeten, in verehren und es schließlich doch nicht zuwege bringen, sich seinem Schöpfungsplan gemäß zu verhalten, kann ihn kaum froh stimmen. Sie wühlen im tauben Erz ihrer Heiligen Schriften und sehen noch das taubste Korn als reines Gold an. Einige finden die Goldadern, die in diesen Schriften tatsächlich vorhanden sind, aber welchen Nutzen hat dies für Gott, die Menschheit, die Schöpfung? Besser eine Welt ohne Gott in der alles nach Gottes Willen läuft, als eine Welt in der alle von Gott reden und dann gottlose Werke tun! Auch wer andere Menschen angeblich im Namen Gottes oder Allahs umbringt, ist nichts anderes als ein gewöhnlicher Mörder, der sich beim Morden nicht auf Gott beruft. Und wer den Tod anderer anordnet, ohne selbst zu töten oder wer solche Taten verhindern könnte, es aber nicht tut, der ist so schuldig wie Eichmann.

Die Herren Mullahs in bestimmten Staaten sind doch wohl nicht dümmer als der Großscheich Tantawi - oder weniger gebildet. Sie wissen also genau, was sie tun. Entweder glauben sie nicht wirklich an Allah, oder sie legen nicht den geringsten Wert darauf, dass man ihnen in einem der Paradiese begegnet. Weltliche Macht scheint ihnen allemal wichtiger zu sein als Allah und wie gesagt: eine Schandtat wird nicht zur Wohltat, weil der Täter behauptet, er habe für Allah und im Namen Allahs gehandelt.

So „denkt Allah nicht". Wer dies ernstlich glaubt, der irrt sich gewaltig und ihre „Heilige Schrift", der Koran oder notfalls eine Rückfrage bei Herrn Tantawi in Kairo könnte die Betreffenden leicht eines Besseren belehren. „Die Exzesse radikaler Islamisten, sagt Großscheich Tantawi würden „allmählich abklingen". Ich bin völlig seiner Meinung, aber es wäre zu wünschen, dass nicht tausend Jahre vergehen, bis es so weit ist, denn dies läge nach göttlichen Maßstäben immer noch im Rahmen des Begriffes „allmählich".

Natürlich kann man schon heute voraussagen, dass die Regime von Mullahs oder Diktatoren jedweder Art zusammenbrechen werden, wie jedes Regime, das nur mit Gewaltanwendung, Unterdrückung der eigenen Völker und Andersdenkender seine Macht erhalten kann. Alle Diktaturen, selbst die sogenannte „Diktatur der Proletariats" (in Wirklichkeit eine Bonzenherrschaft, eine Herrschaft der Nomenklatura) sind bisher irgendwann zerfallen. Schimpf über jene, die das genau wissen, die ferner genau wissen, was sie vielen ihrer Mitbürger an Schaden zufügen, an Unglück und Leid, und die dies dennoch tun!

Sie begehen schwerste Verbrechen nicht nur an Menschen, sondern gegen Gott. Von jenen, die die Existenz Gottes leugnen, mag man solches Verhalten noch erwarten, aber bei jenen, die sich gar auf Gott berufen wird der keine Gnade walten lassen. Sie alle sollten sich baldmöglichst ein Vorbild an jenem spanischen Diktator Franco nehmen, der wenigstens für die Zeit nach seinem Tod für sein Land den Weg in eine demokratische Zukunft vorbereitet hat. Was auch immer er während seiner Herrschaft verbrochen haben mag, für seine Zukunftsvorsorge hat er in den Augen vieler Spanier eine Ehrung verdient. Fidel Castro, Saddam Hussein, die Mullahs oder wie die Diktatoren der Gegenwart alle heißen mögen, sie sollten schnellstmöglich begreifen, dass ihre Zeit vorbei ist. Sie sind lächerliche Überbleibsel der Vergangenheit. Sie haben keine Zukunft in einer Welt, die endlich den Wert und die Bedeutung der Menschenrechte entdeckt hat.

Die Zukunft gehört der gleichberechtigten Zusammenarbeit aller zum Wohl der gesamten Menschheit. Der Zug ist abgefahren und er fährt in die richtige Richtung mit oder ohne die sogenannten „Offenbarungsreligionen". Eines Zusammenschlusses von Juden, Christen und Muslimen bedarf es dazu gar nicht mehr. Gott hat die Sache selbst in die Hand genommen und sich neue Partner gesucht, die wie gesagt ohne sich ständig auf ihn zu berufen gleichwohl in seinem Sinne handeln, also das Richtige tun.

Die Führer der genannten Glaubensgemeinschaften haben dies allerdings noch gar nicht bemerkt. Sie tun immer noch so, als stünden sie in ständigem Kontakt mit Gott selbst, aber der meldet sich unter der alten Nummer längst nicht mehr. Vielleicht erkennen sie ja doch noch, was los ist und springen auf den fahrenden Zug auf. Gemeinsam könnten sie es wohl schaffen, das von Gott bestimmte Ziel zu erreichen. Aber der müsste wohl zuvor persönlich mit jedem der in den Religionsgemeinschaften an der Spitze steht, und etwas zu bewegen vermag, im stillen Kämmerlein lange Gespräche führen und Überzeugungsarbeit leisten.

Nicht dass Gott dies nicht vermochte. Kraft seiner Allmacht wäre es ihm ein Leichtes, aber es entspricht nicht der Logik seiner Gesetze und seines Schöpfungsplanes, er mischt sich nicht ein. Er hat den Verantwortlichen alles gegeben, was sie brauchen, um ihre Probleme selbst zu lösen: Geist und Verstand - und den meisten hervorragende Kenntnisse durch gute Ausbildung. Wenn sie all dies nicht zu nutzen verstehen, so kann man wohl kaum Gott dafür verantwortlich machen! Und diejenigen, die sich fragen, warum er denn nicht eingreift, warum er denn so schwach, gar ein Verlierer oder Versager sei, die haben vom Wesen Gottes nichts begriffen. Die warten noch lange auf eine göttliche Eingebung und werden darüber den Zug verpassen.

Was wir Menschen tun können, das haben wir gefälligst selbst zu unternehmen oder in die Hand zu nehmen! Gott misst uns irgendwann einmal daran, wie gut es uns im Verhältnis zu unseren Möglichkeiten gelungen ist, seine Erwartungen zu erfüllen. Er misst unsere „Lebensleistung" und wer ständig den Zug verpasst, der schneidet nicht besonders gut ab. Ob Juden, Christen und Muslime einen gemeinsamen Nenner finden (der ja gar nicht gesucht werden müsste, weil in Gott ja schon vorhanden!) das ist Gott letztlich egal. Er ist schon zufrieden, wenn sie sich nicht gegenseitig die Schädel einschlagen und auch noch behaupten sie hätten es ja nur für ihn und zu seiner Ehre getan. Wen würde das nicht auch anekeln, wenn er selbst Gott sein dürfte?

Ich werde auf die Frage, warum Gott trotzdem nicht selbst eingreift, in Kapitel II noch ausführlicher eingehen.

6. EIN LEBEN NACH DEM TODE?

Vom Preußenkönig Friedrich II, dem Großen wird berichtet, einer seiner Pfarrer habe bei ihm vorgesprochen und sich beklagt, dass seine widerspenstige Gemeinde nicht an eine Auferstehung glaube. Er bat den König dringend um ein Machtwort in dieser wichtigen Frage. Dies soll allerdings ganz anders ausgefallen sein, als der gute Pfarrer sich das vorgestellt hatte: Der „Alte Fritz" beschied ihn nämlich mit den Worten: „Wer nicht auferstehen will, der soll liegen bleiben und damit basta!" Gut gesprochen!

Auf den ersten Anhieb erscheint es so, als habe diese Aussage keinerlei Erkenntniswert. Bei näherer Betrachtung könnte man sich darunter aber doch eine reale Möglichkeit vorstellen. Warum sollte Gott nicht jedem die freie Wahl lassen ob er denn auferstehen möchte oder nicht? Er lässt uns doch auch sonst in unserem irdischen Leben scheinbar unbegrenzte Freiheiten! Wenn es allerdings nach den „Heiligen Schriften" gehen sollte, dann besteht diese Wahlmöglichkeit nicht. Spätestens am Tag des „Jüngsten Gerichtes" muss sich der Bibel zufolge jeder vor Gott verantworten. Wenn also solchermaßen Lohn und Strafe für Wohl- und Missetaten während des irdischen Lebens versprochen bzw. angedroht werden, so muss logischerweise auch ein Wesen vorhanden sein, an dem dies vollzogen werden kann und dieses Wesen muss die Identität jenes Menschen besitzen oder gar verkörpern, dessen irdisches Wirken zu beurteilen ist. Dies scheint mir auf zweierlei Weise vorstellbar.

1. Das Individuum wird unmittelbar nach seinem Tode belohnt oder bestraft und sein weiterer Werdegang hängt vom Ergebnis seiner Beurteilung ab. Oder

2. Die Toten werden bis zum Tag des „Jüngsten Gerichtes" geparkt, sodann auferweckt und nehmen dann ihr Urteil also Lohn oder Strafe entgegen.

An dieser Stelle möchte ich betonen, dass ich es gotteslästerlich finde, glauben zu sollen, Gott werde in einem kurzen irdischen Menschenleben begangene Missetaten mit ewig währenden Strafen belegen. Sollten wir uns Gott denn unmenschlicher vorstellen müssen, als irgendein rechtsstaatliches weltliches Gericht, das sich bemüht mildernde Umstände für die Tat eines Angeklagten zu finden und dann in der Regel Strafen mit zeitlich begrenzter Wirkung verhängt? Man wird Gott unterstellen dürfen, dass er es nicht an Weisheit mangeln lässt. Ich wünsche mir allerdings dringend, dass er für Adolf Hitler und alle Verantwortlichen des Holocaust, Josef Stalin, Pizarro, die Verantwortlichen der Inquisition, einige römische Kaiser, diverse Pharaonen, jegliche Verantwortlichen für Völkermord, die Mörder von Abraham Lincoln, Anwar el Sadat und Jizaak Rabin besonders drastische Strafen bereithalten möge. Sollte ich in meiner Aufzählung Ihrer Meinung nach jemanden vergessen haben, so ergänzen Sie doch bitte selbst sinngemäß nach eigenem Belieben. Der ganze Rest der üblen Missetäter sollte mit Strafen bis zur Höchstgrenze von einer halben Ewigkeit - also deutlich weniger als unendlich - belegt werden.

Ich persönlich glaube nicht an die Möglichkeit unter 2.), also des „Parkens" bis zum „Jüngsten Gericht". Ich glaube, alles vollzieht sich unmittelbar nach dem irdischen Tod. Es gibt für Gott doch gar kein Problem, Daseinsformen, Aggregatzustände, Dimensionen oder regelrechte Welten bereitzuhalten in denen sich ein Leben nach dem irdischen Tod vollziehen kann. Wer sagt uns denn, dass dies nicht ganz in unserer Nähe möglich wäre. Es ist doch längst fast jedem Kind klar, dass Phänomene existieren für deren Wahrnehmung unsere fünf (hoffentlich gesunden) Sinne nicht ausreichen. Wir nehmen zwar Wellen an der Oberfläche von Gewässern wahr, aber mit der Wahrnehmung elektromagnetischer Wellen, Radiowellen z.B. sind wir völlig überfordert, dazu brauchen wir ein Radiogerät. Dieses Gerät produziert unter Umständen Frequenzen (Schwingungen), die zwar unser Hund hört, wir aber nicht.

Selbst an einem so einfachen und heute so allgemein verständlichen Beispiel lässt sich darlegen, dass die Vorstellung, nur das existiere, was wir wahrnehmen können, völlig unrealistisch ist. Und wer glaubt, der Mensch hätte tatsächlich schon alles erforscht und es gäbe nichts mehr, was ihm verborgen wäre, der ist in meinen Augen ein ebenso törichter und überheblicher Narr, wie jene, die einst die Erde im Mittelpunkt des Universums sahen.

Jean Paul Sartre führt in seinem Roman „Das Spiel ist aus" ein Modell vor, das nicht nur romanhafter Phantasie entspringen muss, sondern durchaus Realität sein könnte. Er lässt die Verstorbenen in einer für die Lebenden nicht wahrnehmbaren Dimension dort weiterleben, wo sie immer gelebt haben. Wer das Buch liest oder es gelesen hat, wird feststellen, dass er den Zeitabschnitt für den Ablauf seiner Handlung bewusst oder unbewusst so gewählt hat, dass einige Fragen, die zu stellen wären, gar nicht aktuell werden. Was passiert, wenn Leute ihre alten Häuser abreißen und neue bauen? Ziehen dann alle Verblichenen der Familie in der anderen Dimension mit um? Werden sie heimatlos, wenn alle Angehörigen in andere Kontinente übersiedeln oder gehen sie mit auf die Reise? Was passiert, wenn Häuser verkauft werden? Fragen, die zugegebenermaßen für das von Sartre behandelte Thema nicht von Belang, gleichwohl für alle nachdenklichen Leser von Interesse sein könnten. Vielleicht muss man sich sein Modell abgewandelt vorstellen: In der anderen Dimension gibt es für jeden eine neue Bleibe und die Verstorbenen verfügen nur über die Fähigkeit sich in der Nähe von Angehörigen, Familie, Freunden und Bekannten aufzuhalten, um sich über den Gang der Dinge zu informieren, ansonsten haben sie ihre eigene Welt.

Natürlich alles Spekulation! Bisher hat noch niemand Verbindliches berichtet. Nur Esoteriker sollen auf alle Fragen dieser Art Antworten geben können, aber damit will ich mich an dieser Stelle lieber nicht auseinandersetzen. Ich kann aus Gottes Schöpfungsplan - soweit ich ihn zu verstehen vermag - nichts anderes ablesen, als die Abfolge von Prozessen des Werdens und des Vergehens nach dem Grundsatz von Gleichgewicht und Harmonie mit der Tendenz einer ständigen Weiterentwicklung im Sinne einer Optimierung (Iterationsprozess).

Seelenwanderungen und ähnliches können nicht als realistisch betrachtet werden, da sie erkennbar sinnlos sind, wenn man - wie ich es tue - am Grundsatz der „Erhaltung der Identität" festhält. Dabei treten allerdings einige praktische Probleme auf, die beispielsweise einer körperlichen Weiterexistenz oder Wiederauferstehung in völliger Identität im Wege stehen. Mit großer Wahrscheinlichkeit befindet sich in unseren Körpern Materie und seien es auch nur winzige Atome, die irgendwann im Laufe von Jahrtausenden Bestandteile der Körper anderer Menschen waren, die ihre Körper durchlaufen haben, die mit diesen vermodert oder verbrannt, wieder in den Kreislauf der Natur zurückgekehrt und schließlich in unseren Körpern gelandet sind. Nicht notwendigerweise bei der Geburt, aber vielleicht mit Nahrung und Getränken aufgenommen. Es sind doch allüberall Generationen von Menschen in Erde und Ozeanen versenkt von Fischen und wilden Tieren verzehrt worden, die ihrerseits wieder untergegangen sind!

Über die Abgase unserer Autos und unserer Fabriken atmen wir Partikel ein, die einst in Pflanzen und Tieren zu Zeiten der Dinosaurier gebunden waren. Was ist denn alles durch das Futter in die Körper jener Tiere gelangt, die wir täglich als Nahrung zu uns nehmen? Zweifellos wäre es Gott möglich, alles wieder dem zuzuordnen, der am „Jüngsten Tag" körperlich aufersteht, aber er hätte ein erkennbares Problem, wenn es sich dabei um ein simultanes Ereignis handeln sollte (d.h. alle, die je gelebt haben, würden zum gleichen Zeitpunkt körperlich auferstehen). Wenn sich bei meinem Tod in meinem Körper nur 100 Atome befinden, die zuvor schon irgendwann bei dessen Tod im Körper eines anderen Menschen waren, wem sollte Gott die denn zuordnen? Ohne diese 100 Atome wäre keiner von uns beiden mit dem identisch, der er einmal war! Auch hundert andere Atome genommen woher auch immer, würden die völlige Identität nicht herstellen. Man ahnt schon, worauf diese Überlegungen hinauslaufen: Eine Auferstehung des Leibes in voller Identität ist aus mathematisch - praktischen Gründen unmöglich.

Sie ist auch überhaupt nicht notwendig. Kein Grund sich darüber den Kopf zu zerbrechen. Keiner, der je durch eine Organspende das Leben eines Mitmenschen gerettet und verlängert hat, muss befürchten, dass ihm irgendwann am jüngsten Tag etwas fehlt.

Dies gilt auch für alle, die durch Amputation ein Bein, einen Arm, einen Finger oder sonst etwas verloren haben. Wir sind alle im gleichen

Boot, ob 100 Atome oder ein ganzes Herz fehlen - darauf kommt es gar nicht an, alles wäre nur dann sinnlos, wenn die „Identität" verloren ginge. Es bedarf also nur einer Daseinsform, die im Hinblick auf Wesensmerkmale, Bewusstsein, Verstand, Erinnerungsvermögen, Gefühle usw. an das irdische Dasein der jeweiligen Person anknüpft. Das zu gewährleisten dürfte Gott nicht vor das geringste Problem stellen, und mir fällt kein schlüssiges Argument ein, wie diese Behauptung zu widerlegen wäre, während die Behauptung von der „Auferstehung des Fleisches" - wie gezeigt - ziemlich einfach zu widerlegen ist. Der amerikanische Physiker Frank J. Tipler hat unter dem Titel „Die Physik der Unsterblichkeit" Untertitel „Moderne Kosmologie, Gott und die Auferstehung der Toten", ein dickes Buch geschrieben, in dem er Unsterblichkeit und Auferstehung nicht nur verbal behauptet, sondern in einem umfangreichen mathematischen Formelwerk belegt.

Soweit ich es verstanden habe, liegen seinen Ausführungen nicht wenige Theorien zugrunde, deren Beweis noch nicht schlüssig erbracht ist, so dass auch seine Überlegungen natürlich nur so sicher und richtig sind, wie jene Annahmen oder Theorien auf denen sie gründen. Ich meine, dass seine Ergebnisse keineswegs so gesichert sind, wie in seinem Buch der Anschein erweckt wird. Kommt nur eine der als Bausteine seines kunstvollen mathematischen Gebäudes verwendeten Theorien ins Wanken, so stürzt auch seine Konstruktion ein. Obwohl ich weit davon entfernt bin, alles im Detail nachvollziehen zu können, zumindest diesen Mangel meine ich erkannt zu haben.

Bei allen verbliebenen Zweifeln wünsche ich mir sehr, dass Frank J. Tipler mit seinen Berechnungen recht haben möge. Die von ihm aufgezeigten Wahrscheinlichkeiten empfinde ich verlockender als alles, was Bibel, Talmud und Koran zusammen anbieten. Wenn man einmal davon absieht, dass Gott ein Omega-Punkt (Tipler a.a.O. S. 147) sein soll, womit ich mich begrifflich nicht anzufreunden vermag, so bin ich doch in vielem einer Meinung mit ihm. Vor allem: Gott ist nicht der graubärtige Alte vor dem blauen Hintergrund auf irgendwelchen alten Gemälden. Es wird höchste Zeit, sich damit auseinander zusetzen und zur Kenntnis zu nehmen, um wen es sich bei „Gott" tatsächlich handelt. Er ist in den mir bekannten Heiligen Schriften nicht zutreffend dargestellt und deshalb immer weniger glaubwürdig. Lesen sie selbst das Buch von Frank J. Tipler, aber machen Sie sich auf eine nicht leicht verdauliche Kost gefasst. Trotz aller erkennbaren Mühe Tiplers, sich verständlich auszudrücken, werden Sie vieles mehrfach lesen müssen, um es auch nur annähernd zu verstehen. Ich hoffe sehr, dass Ihnen das bei meinen Ausführungen in diesem Buch erspart bleiben wird. Ich stimme Frank J. Tipler völlig zu, wenn er schreibt: „Das Buch der Natur ist das einzige, das Gott eigenhändig und ohne menschliche Hilfe geschrieben hat. Das Buch der Natur ist frei von den Beschränkungen des menschlichen Verstandes. Das Buch der Natur ist der einzig verlässliche Führer zum wahren Wesen Gottes" (F.J. Tipler a.a.O. S. 405).

Kardinal Ratzinger wäre gut beraten darüber nachzudenken, anstatt „recht zu lesen", was keine Erkenntnisse über Gott, sondern wie der Kardinal mit seinen Worten selbst belegt, nur letztlich Ratlosigkeit vermittelt (Gott ein Versager?). Gott hat die Menschen mit vielen Fähigkeiten ausgestattet, aber die Fähigkeit sich ihn - Gott - einigermaßen realistisch vorzustellen, hat er ihnen überwiegend vorenthalten.

Nun will ich Ihnen noch von einem persönlichen Erlebnis erzählen, das mich immer noch sehr beschäftigt. Ich will damit nichts beweisen, dazu reicht es - wie ich meine - nicht aus. Aber es deutet sehr wohl an, dass alles, was ich in diesem Kapitel geschrieben habe, mehr ist, als bloße Spinnerei. Meine Mutter hat Zeit ihres Lebens immer wieder davon berichtet, ihr Vater, also mein Großvater, (den ich nie kennen gelernt habe, da er lange vor meiner Geburt verstarb), habe mit ihr Verbindung aufgenommen, um sie vor diesen oder jenen Gefahren zu warnen. So war sie von Anbeginn der Machtergreifung Hitlers eine erbitterte Gegnerin dieses Verbrechers. Mein verstorbener Großvater hatte sie gewarnt und ihr lange, bevor irgend jemand an die Möglichkeit eines herannahenden Weltkrieges dachte angekündigt, dass dieser beginnen und ihr großes Unglück bringen werde - wie es auch geschah.

Am Todestag meiner Mutter im Jahr 1973, den ich an ihrem Sterbebett verbrachte, waren ihre letzten Worte, sie sei froh, nicht alleine zu sein, ihr Vater sei nämlich gekommen, um sie abzuholen. Ob ich ihn denn nicht sähe, er stünde am Fußende ihres Bettes. Ich sah natürlich nichts. Sie hat mir fest versprochen, sie werde es mit mir ebenso halten wie ihr Vater mir ihr und mit mir in Kontakt treten.

Seitdem sind viele Jahre vergangen, aber ich habe niemals die geringste Empfindung einer solchen Kontaktaufnahme verspürt. Vielleicht fehlt mir dafür einfach die erforderlichen Sensibilität.

Vor wenigen Jahren lernte ich durch meinen Sohn eine junge Frau kennen, mit der er befreundet war. Gelegentlich erfuhr ich von meinem Sohn, seine Freundin habe schon mehrfach mit Verstorbenen in Verbindung gestanden. Was ich zuvor von meiner Mutter berichtet habe, war sowohl meinem Sohn wie auch seiner Freundin unbekannt.

Was mich in jener Zeit sehr beunruhigte, war indes eine andere Frage. Mein Bruder war in den letzten Tagen des 2. Weltkrieges als junger deutscher Offizier in der Slowakei gefallen (24. März 1945) und es ließ mir keine Ruhe nichts über den Verbleib seiner sterblichen Überreste zu wissen. Ferner stellte ich nun die Frage, ob ich mich bemühen sollte, sie ausfindig zu machen und in das Grab der Familie überführen zu lassen. Ich fragte also das Mädchen, die bei dieser Gelegenheit erstmals davon erfuhr, dass ich einen Bruder gehabt hatte, ob es ihr denn möglich sei, mit ihm Verbindung aufzunehmen. Ich wollte versuchen ihn zu befragen, ob ihm an einer solchen Aktion meinerseits überhaupt etwas gelegen sei. Sie meinte, man könne ja einmal versuchen, ob es klappen würde und wir setzten uns zusammen. Nach kurzer Zeit meinte sie, es hätte sich jemand gemeldet. Es müsse sich wohl um meine Mutter handeln, die sehr aufgeregt sei. Sie habe schon seit langem versucht, mit mir in Verbindung zu treten und es sei ihr nicht möglich gewesen. Wie schon gesagt, die junge Frau wusste von der Sache mit meiner Mutter bei Gott keinen Deut, und ich selbst hatte in diesem Moment gar nicht an sie, sondern an meinen Bruder gedacht. Nachdem ich mich einigermaßen von meiner Überraschung und Verwirrung erholt hatte, bat ich zu fragen, ob mit meinem Bruder ebenfalls ein Kontakt möglich sei. Die Antwort kam prompt von ihm selbst, es gehe ihm gut und die ganze Familie sei versammelt. Ich ließ ihm meine Frage vortragen und er bestätigte, dass es ihm gut gefiele, seine sterblichen Überreste im Familiengrab zu wissen, dies aber keine Angelegenheit von besonderer Bedeutung sei und ich nur ausführen solle, was ohne besondere Probleme möglich sei.

Da ich mich wieder einigermaßen gefasst hatte und mir die Antworten sehr allgemein gehalten vorkamen, bat ich das Mädchen, meinem Bruder eine Frage zu übermitteln, deren Antwort außer ihm, meiner Schwester (zu diesem Zeitpunkt 2000 KM von uns entfernt) und mir niemand kannte. Die Frage lautete: „Was hast du bei Deinem letzten Heimaturlaub im Januar 1945 beim Abschied zu unserer Schwester gesagt?" Die Antwort kam prompt und war richtig. Ich war wie vom Blitz getroffen und nicht in der Lage den Kontakt fortzusetzen, sosehr ich das heute bedaure, denn mein Sohn und seine Freundin trennten sich kurze Zeit später, und so hatte ich keine Gelegenheit mehr, einen neuerlichen Versuch einer Kontaktaufnahme zu unternehmen.

 Soweit mein Bericht über eine wahre Begebenheit, an der ich selbst Anteil hatte. Was sich begeben hatte, hätte ich bis zu jenem Zeitpunkt, als ich selbst Zeuge des Geschehens wurde, als haltlose Spinnerei ohne realen Hintergrund abgetan, wenn mir von anderen Leuten eine derartige Geschichte erzählt worden wäre. Nun kann ich selbst eine solche Geschichte erzählen. Und ich kann ferner einen Eid leisten, dass sie sich so zugetragen hat.

Eine Erklärung für das Phänomen selbst kann ich Ihnen nicht anbieten, ich habe keine gefunden, die meinen Verstand auch nur einigermaßen befriedigen würde. Anscheinend gibt es Menschen mit der Fähigkeit zu Wahrnehmungen, über die ich selbst nicht verfüge. Dass irgend jemand per Zufall unter „X" möglichen Antworten auf die von mir gestellte „Identifikationsfrage" die richtige Antwort finden und wiedergeben konnte, schließe ich unbedingt aus. Ich persönlich sehe die Ausführungen Frank J. Tiplers und vielleicht auch J.P. Sartres bestätigt. Ich sehe keinen Grund, den Tod - mehr als einen zeitweiligen Abschied - zu fürchten.
In einem der folgenden Kapitel werde ich das Thema noch einmal aufgreifen und Ihnen eine Theorie anbieten, deren Darstellung hier noch nicht genügend vorbereitet ist.

7. WERTE UND WERTEORDNUNGEN - EIN ERGEBNIS WERTENDER INDIVIDUEN

Ohne uns dessen genügend bewusst zu sein, leben wir in einer Welt der Werte. Unsere Abhängigkeit von Wertordnungen der verschiedensten Art ist weit größer, als wir gemeinhin annehmen. Wir selbst werten ständig im Rahmen übergeordneter Wertordnungen, nach denen wir uns meist mehr unbewusst als bewusst richten. Sobald wir mit unseren persönlichen Wertungen oder Entscheidungen dieses zu tun oder jenes zu lassen, den Rahmen der uns vorgegebenen Wertordnungen sprengen, rufen wir unweigerlich Konflikte hervor. Es lassen sich zwei wesentliche Gruppen von Werten oder Wertordnungen erkennen.

Da sind zum Einen die ideellen, moralischen, ethischen Werte, darunter fällt z.B. alles, was mit Glauben und Religion zu tun hat, aber auch jede Art von Ideologie.

Zum Anderen sind die materiellen Werte zu nennen, und für viele ist die erstgenannte Gruppe schon so in den Hintergrund getreten, dass sie glauben, nur Materielles besitze entscheidenden Wert.

Wie schon im Kapitel über „das Böse" ausgeführt, sind Werte nicht absolut, sondern ebenfalls relativ. Eine Ware, die niemand kaufen will, - egal wie hoch ihr Preis ist - ist wertlos. Dabei spielt keine Rolle, welche Kosten die Herstellung dieser Ware einmal verursacht hat. Ein Gemälde, das nur einmal existiert und von einem berühmten Maler gemalt wurde, hat einen hohen Wert, da es viele Leute gibt, die bereit sind, dafür einen hohen Preis zu bezahlen. Der Materialwert ist gleichwohl gering und vielleicht hat der Maler nicht einmal viel Zeit benötigt, um es zu malen.

Das gleiche gilt für die ideellen Werte: eine Ideologie ohne Anhänger ist wert- und wirkungslos. Ohne die Unterstützung der Massen wäre Hitler nicht an die Macht gekommen. Da in Russland nicht wirklich eine proletarische Revolution stattgefunden hatte, konnte schon aus diesem Grund kein wirklicher Kommunismus entstehen, der freilich - wie schon früher ausgeführt - ohnehin nicht funktioniert hätte. Viele Anhänger machen jedenfalls eine Ideologie mächtig, dabei spielt es keine Rolle, ob diese Ideologie z.B. Kommunismus auf der einen, Faschismus auf der anderen Seite, richtig oder falsch ist. Dies stellt sich ohnehin meist erst im nachhinein heraus, wenn sich ergeben hat, dass statt der angekündigten Wohltaten für alle, für die Menschheit oder einzelne Völker nur Kriege, Tod, Leid und Not hervorgerufen wurden.

Auch was alle religiösen Verheißungen wert sind, mögen die religiösen Führer noch so nachdrücklich behaupten: Gott hat kein einziges Exemplar ihrer „Heiligen Schriften" persönlich unterschrieben. Ungeachtet dessen stellen über eine Milliarde Muslime eine Weltmacht dar. Die Zahl der Christen ist noch größer, natürlich sind auch sie eine Weltmacht und alle übrigen Religionen sind sehr mächtig. Sie stehen für Systeme von Wertordnungen, neben oder gar über den in Gesetzen festgelegten Wertordnungen einzelner Staaten. Sie sind fortwährend bemüht ihren Einfluss zu vergrößern, neue Anhänger zu gewinnen und die schon vorhandenen immer wieder erneut auf ihre Wertordnungen einzuschwören. Obwohl Juden, Christen und Muslime an ein und denselben Gott glauben, tun sie dies auf so unterschiedliche Weise, dass es die Gläubigen der jeweiligen Glaubensrichtung eher trennt als verbindet. Würden sie keinen Glauben besitzen, sie wären sich allesamt viel näher!

Ist Gott also nicht nur ein „Versager", sondern auch ein „Spalter"? Keineswegs, für mich kann es keinen Zweifel daran geben, dass der beschriebene Zustand zwar nicht in seinem Sinne ist, aber warum sollte er eingreifen, um etwas zu ändern? Nicht er hat die Situation verursacht, sondern die Menschen selbst und die müssen nun sehen, wie sie damit zurecht kommen bzw. fertig werden.

Jeder Sektengründer, jeder Gründer einer neuen Kirche, sofern es ihm nur gelingt genügend Anhänger zu finden, verschlimmert den gegenwärtigen Zustand noch mehr, ganz gleich, welche edlen Absichten ihn auch bewegen mögen. Man kann also feststellen, dass mit zunehmender Zahl neuer Wertordnungen auch die Zahl der möglichen Konflikte wächst. Dies ist das genaue Gegenteil dessen, was Gott will, nämlich

Gleichgewicht und Harmonie mit der Tendenz zu Verbesserung und Vervollkommnung der Schöpfung.

Wieder einmal ist festzustellen, dass durchaus weltliche Organisationen, in denen die Staaten gemeinsame Ziele verfolgen, die sich um die Einhaltung der Menschenrechte, um den Schutz von Umwelt und Natur, um Frieden, Freiheit und Wohlstand für alle Menschen bemühen, den Zielen Gottes viel näher stehen als jene, die sich über teilweise ganz nebensächliche religiöse Unterschiede nicht zu verständigen vermögen. Haben z.B. die christlichen Kirchen während vieler Jahrhunderte mit ihrem Anspruch die Wertordnung Gottes höchstselbst zu vermitteln, die Werteordnung im allgemeinen geprägt, so war dies vor allem möglich, weil aufgrund mangelnder Bildung der Menschen nichts hinterfragt wurde. Dies hat sich mit wachsender Bildung und angestiegenem Kenntnisstand sehr geändert.

Der Einfluss der Kirchen schwindet heute zusehends, weil die Gläubigen sich verabschieden! Sie gehen von den Fahnen, da sie ungleich viel besser als früher erkennen, dass von ihnen verlangt wird, Dinge zu glauben, die erwiesenermaßen nicht glaubwürdig sind. Damit geht freilich auch jener Teil des Einflusses verloren, der eine - die staatliche Wertordnung - positiv ergänzende Wirkung hatte. Schwer verständlich, warum man mit dem Einfordern einer Vielzahl ganz nebensächlicher Glaubenssachverhalte die Gläubigen abstößt und damit eine so bedeutende Wertordnung wie die der Zehn Gebote gleich mit aufs Spiel setzt. Wer stiehlt, der bringt damit zum Ausdruck, dass nach seinem persönlichen Werturteil materielle Werte höher einzustufen sind als das religiös/moralische Gebot: Du sollst nicht stehlen.

Ja, das Durcheinander ist so groß, dass selbst Mitglieder gottesfeindlich und gotteslästerlich handelnder Verbrecherorganisationen anscheinend glauben, ihr Tun und ihre verbrecherische Wertordnung mit christlichem Glauben vereinbaren zu können. Es scheint, dass die katholische Kirche durch Beichte und Beichtgeheimnis dem verbrecherischen Treiben geradezu den Weg ebnet. Welche Logik besteht wohl darin, unbequeme, kritische, aber untadelig lebende Gläubige am besten aus der Kirche auszuschließen, mindestens aber ruhig zu stellen und gleichzeitig offenkundigen Verbrechern die Hand zu reichen? Anscheinend ist es ein schlimmeres Verbrechen diese Kirche zu kritisieren, als vorsätzlich oder dauerhaft gegen die Gesetze von Gottes Schöpfung zu verstoßen. Sich dann gleichzeitig darüber zu wundern, warum „das Böse" in der Welt so zunimmt, sich zu fragen, warum Gott denn nicht eingreift, das ist angesichts der eigenen Mitschuld an den beklagten Umständen schon bemerkenswert.

Bemerkenswert ist ferner, dass viele Verantwortliche des Islams einer umfassenden, weltlich orientierten Bildung und Ausbildung ihrer Gläubigen nicht sonderlich aufgeschlossen gegenüberstehen und es am liebsten sähen, wenn Wissen ausschließlich durch Koranschulen vermittelt würde. Wo immer dies möglich ist, wird in Schulen und Universitäten einseitig und eingeschränkt gelehrt, und Frauen werden nach Möglichkeit von jeder Bildung ferngehalten. Die Herren Mullahs wissen natürlich ganz genau, dass umfassend gebildete Gläubige viel schwieriger zu manipulieren sind als ungebildete, fanatisierte Massen. Abgesehen von der Strafe Allahs, die sie dafür erwartet, dürfen sie nicht glauben, die Wahrheit ließe sich mit ihren Methoden auf Dauer unterdrücken! Unübersehbar ist, welcher Schaden vielen Menschen und der Menschheit insgesamt durch solches Handeln zugefügt wird. Wenn die Gläubigen aber erkannt haben, dass Allah nicht eingreift, sondern von ihnen erwartet, dass sie die Probleme lösen, dann werden sie auch handeln.

Wer immer einen „Gottesstaat" zu errichten versucht, der wird damit auf Dauer keinen Erfolg haben, denn Gott legt auf solche Gottesstaaten, in denen seine Schöpfungsgesetze durch Unterdrückung von Menschen missachtet werden, nicht den geringsten Wert.

Angesichts der Orientierungslosigkeit, die durch den Verlust des Einflusses positiver christlicher Werte eingetreten ist, wäre dringend zu wünschen, dass es gelingen möge, auf direktem Wege zur Wertordnung von Gottes Schöpfung zu finden.

Würde zum Beispiel die Bewegung der Grünen einen Weg finden, sich zu Gott zu bekennen und das Eintreten für das Wohl der Menschen und die Umwelt zum Gottesdienst in seiner unmittelbarsten Form zu erklären und zu entwickeln, so wäre sie wohl am ehesten in der Lage mit zukunftsweisendem Handeln und ebenfalls zukunftsweisendem Gottes- und Glaubensverständnis neue Orientierung zu vermitteln. Sie müsste sich allerdings auch von einigen irrtümlich vertretenen Positionen verabschieden. Ich denke da, vor allem, an eine nicht zu verkennende Wissenschafts- und Fortschrittsfeindlichkeit. Indem man Gentechnik und was sonst an neuen Technologien in Entwicklung ist und womit auf die Natur Einfluss gewonnen wird, am liebsten nicht wahrhaben oder verbieten würde, verkennt man völlig die Funktion der Menschen als Schöpfungsgehilfen Gottes. Man begibt sich statt dessen in die Position der katholischen Kirche z.B. gegenüber Kopernikus und Galilei.

Akzeptiert man hingegen den Menschen als Schöpfungshelfer Gottes, so kann man leicht einsehen, dass Wissenschaftler befugt sind, das zu tun, wozu sie fähig sind, sofern sie sich nur ihrer Verantwortung gegenüber Gott bewusst sind und die Gesetze der Schöpfung kennen und sie beherzigen. Das heißt präzise: Harmonie, Gleichgewicht, Vielfalt und Fortschritt im Sinne von Verbesserung bestehender Zustände dürfen nicht gestört werden. Das Wirken der Forscher ist daran zu messen, ob sie diese göttlichen Werte fördern. Dies tun sie ganz gewiss, wenn sie Krankheiten bekämpfen, wenn sie einen Beitrag zur Verbesserung und Sicherung der Ernährung aller Menschen leisten oder wenn sie Mittel und Wege suchen, um früher gemachte Fehler zu korrigieren, z.B. um eine Klimakatastrophe von zukünftigen Generationen abzuwenden.

Auch müssten die Grünen erkennen, dass es viel wichtiger wäre, die Verbrennung fossiler Brennstoffe und ihre schon früher beschriebenen Folgen zu bekämpfen, anstatt die unter dem Aspekt der Klimakatastrophe unbedenkliche Atomenergie zu verteufeln. Tschernobyl mit westlichen Atomkraftwerken zu vergleichen, heißt nicht Birnen mit Äpfeln, sondern Walnüsse mit Gurken zu vergleichen. In westlicher Atomkraftwerkstechnik eventuell vorhandene Restrisiken ließen sich weiter gegen Null bringen, sofern man die Forschung ermuntern, anstatt behindern würde. All dies sind Fragen von Wertungen!

Meine persönliche Wertung sieht so aus, dass ich bereit wäre, ein atomares Restrisiko zu tragen, weil diese Entscheidung mit Sicherheit dazu beiträgt, künftigen Generationen die unabwendbar erscheinende Klimakatastrophe vielleicht doch noch zu ersparen. Im übrigen sollte man sich in Deutschland einmal fragen, warum denn die Franzosen so viel gelassener mit ihren viel zahlreicheren Atomkraftwerken leben, als die Deutschen. Da Gefahr offensichtlich in erster Linie von Atomwerken im Osten droht, wäre es viel hilfreicher, sich entschlossen dafür einzusetzen, diese sicherer zu machen, anstatt in Deutschland mit großem Getöse gegen vergleichsweise kleine Risiken zu Felde zu ziehen.

Es ist interessant zu beobachten, dass die Grünen die so unduldsam gegen eine Form der „sauberen" Energiegewinnung auftreten, anderen möglicherweise bedrohlichen Erscheinungen gegenüber eher gelassen reagieren. Während die Franzosen auf Kopftücher tragende muslimische Frauen eher aufgeregt ansprechen, halten die Deutschen und insbesondere deren grüne Bewegung diese bewusste Demonstration der Zugehörigkeit zu einer anderen Wertordnung für nicht so gefährlich. Was am Ende jedoch die größere Gefahr für Europa darstellt, das wird sich zeigen.

Klar ist jedenfalls: Jedes Aufeinandertreffen unterschiedlicher Wertordnungen führt zu Konflikten. Anhänger der Atomenergie zanken sich mit Gegnern der Atomenergie. Anhänger einer multikulturellen Gesellschaft liegen in erbitterter Fehde mit ausgewiesenen Nationalisten und natürlich ließe sich die Aufzählung beliebig fortsetzen, was allerdings keinen Erkenntniswert hätte. Wichtiger ist da schon die Erkenntnis, dass die Konflikte um so schärfer sind, je weniger Toleranz alle Seiten aufbringen; wenn es an der Fähigkeit mangelt, andere Wertvorstellungen als die eigene zu ertragen und man sich nicht für die Gründe der jeweils anderen Seite ernsthaft interessiert. Wie nahe friedliches Miteinander und Konflikt beieinander liegen will ich an einem Beispiel zeigen, in dem nur ein einziges Wort genügt, um Frieden zu gefährden. „Black is beautiful" ist eine Losung, die nicht mehr bewirken soll, als Menschen mit dunkler Hautfarbe klar zu machen, dass nicht nur Weiße schön sind. Sie stärkt das Selbstbewusstsein der Nicht-Weißen und gibt ihnen eine eigene Wertordnung ohne andere Wert in Frage zu stellen. Fügt man nur ein einziges Wort hinzu, indem man sagt: "Only Black is beautiful", also „Nur Schwarz ist schön", dann tut man das, was die Weißen in Vergangenheit und (rückläufig) Gegenwart für sich beansprucht haben und schon ist der Konflikt unausweichlich. Erkennt man jedoch, wie die Position Gottes in der Frage der Wertordnung „Hautfarbe" ist, dann wird jegliche Auseinandersetzung, jeglicher Konflikt wegen dieser oder jener Hautfarbe völlig unsinnig. Er ist nämlich der Auffassung „All human beings are beautiful" oder „Alle Menschen sind schön". Woher man das so genau wissen kann? Nun ziemlich einfach, wenn wir uns darüber einig sind, dass Gott die Menschen so hat werden lassen, wie sie sind, also unterschiedlich nach Hautfarbe und Rassen, so doch deshalb, weil er es für gut befunden hat. Er will dass wir seine Entscheidung respektieren und keine unsinnigen Konflikte daraus ableiten.

Schließen wir uns doch einfach ihm an! Niemandem wird ein Stein aus seiner Krone fallen, wenn er alle Menschen gleichermaßen unabhängig von Hautfarbe und Rasse respektiert, wie Gott es ja auch tut. Die in den Schriften des Juden- und Christentums wie auch des Islam verbreiteten Wertordnungen schaffen allerdings geradewegs die Voraussetzungen für die Diskriminierung von Menschen unterschiedlicher Hautfarbe. Wo Sklaven nicht ausdrücklich verboten sind, liegt es doch nahe, Andersfarbige oder Angehörige anderer Rassen zu Sklaven zu machen, ohne dabei Unrechtsbewusstsein zu entfalten. Vieles, womit wir uns noch heute auf diesem Gebiet auseinander zusetzen haben, hat seine Wurzeln in diesen „Heiligen Schriften"!

Ich habe es schon früher in diesem Buch erwähnt und ich wiederhole es bewusst noch einmal: Was Abraham Lincoln für die Menschen dieser Erde getan hat, ist nicht hoch genug einzuschätzen. Er hat Gottes Willen zum Durchbruch verholfen. Er hat schwere Defizite der „Heiligen Schriften" aller Art aufgedeckt (damit übrigens auch ihre Fragwürdigkeit im allgemeinen) ohne dies freilich ausdrücklich zu sagen.

Ein anderes Phänomen im AT, dessen Auswirkungen m.E. bei weitem noch nicht genügend bedacht und untersucht sind, ist die Fiktion eines

„Auserwählten Volkes". Ich bin davon überzeugt, dass diese Überhöhung eines Volkes - der Juden nämlich - bewusst oder unbewusst Nachahmer in anderen Völkern gefunden hat. Vielleicht hat dies den Islam hervorgerufen oder wenigstens begünstigt. Auch in jüngster Zeit hat man Gründe gesucht, warum man mehr oder besser sein könnte, als andere Völker. Da der Rang eines „Volkes Gottes", schon vergeben war, war es ja immerhin möglich, wie die deutschen Nazis es getan haben (und schon einige vor ihnen und einige Irrläufer nach ihnen) das Germanentum und die Zugehörigkeit zur arischen Rasse zu überhöhen und daraus eine besondere Wertordnung zu entwickeln, die allen anderen überlegen sein sollte. Die Inspiratoren dieser Manie haben ihre Wurzeln auch in der Bibel.

Ich will dieses Thema hier nicht weiter verfolgen, aber es verdient, an anderer Stelle gründlich beleuchtet zu werden.

Rangordnungen und Wertordnungen haben lange vor der Abfassung von AT und NT bestanden und allemal vor dem Koran, aber diese sogenannten „Heiligen Schriften", angeblich von Gott selbst geoffenbart und deshalb tabuisiert, stellen eine besonders hartnäckige Zementierung von Wertordnungen dar. Wären diese Wertordnungen tatsächlich von Gott verordnet - was ich mit Nachdruck bestreite - so wären sie tatsächlich unantastbar und für ewig gültig. Da sie aber Gottes Unterschrift nicht tragen und teilweise wirr und widersprüchlich sind, stellt es geradezu eine Zumutung dar, Gott all diese Ungereimtheiten zu unterstellen. Ihm also anzudichten, er habe wirres Zeug von sich gegeben, sich höchst unberechenbar und launisch verhalten und über wichtigste Fragen der Zukunft und Gefahren für die Menschheit gar nichts mitgeteilt. Das ist nicht länger hinzunehmen! Es ist wohl klar, dass vor dem Hintergrund neuer Erkenntnisse über Gott, alle überlieferten Schriften auf den Prüfstand müssen und überholte Wertordnungen den wahren göttlichen Werten und Gesetzen anzupassen sind. Ob dies freilich jetzt geschieht oder erst in 200 Jahren, das spielt keine erhebliche Rolle. Indes je früher es passierte, desto besser wäre es, um übergeordnete göttliche Werte wieder allgemein verständlich, glaubwürdig und damit anwendbar zu machen. Sie haben nur dann wirklich einen Sinn, wenn die Menschen ganz natürlich damit leben und umgehen können. Der zu beobachtende Verfall der überlieferten, übergeordneten religiösen Werte und ihre mangelnde Autorität führt zu Orientierungslosigkeit und in deren Gefolge einer Vielzahl von gesellschaftlichen Problemen. Diese Probleme werden zwar allgemein beklagt, ihre tatsächlichen Ursachen jedoch nicht mit der nötigen Einsicht und Entschlossenheit beseitigt.

Staatliche Gesetze sind kein ausreichender Ersatz für eine übergeordnete göttliche Wertordnung. Nicht zuletzt daran sind auch die Versuche gescheitert, Kommunismus zu praktizieren. Die weltlichen Gesetze schaffen eine Wertordnung für das Zusammenleben der Bürger eines Staates, tatsächlich sind sie aber viel zu umfangreich und detailliert und damit zu kompliziert, als dass sie jedem Bürger auch ohne Rechtswissenschaft studiert zu haben als einzige Orientierung für seine täglich zu treffenden Wertungen und Entscheidungen dienen könnten.

Hermann Höcherl, ein früherer Minister der Bundesrepublik Deutschland, versuchte einmal, ein Fehlverhalten von Organen des Staates selbst mit der Bemerkung zu entschuldigen „man könne doch nicht ständig mit dem Gesetzbuch unter dem Arm herumlaufen". Dem ist nichts hinzuzufügen. Wer kennt schon darüber hinaus die Charta der Vereinten Nationen oder die Menschenrechtskonvention? Kaum einer! Und trotzdem ist es ein bedeutender Fortschritt der Menschheit, dass es sie gibt. Nein, was wirklich benötigt wird, muss einfach und einleuchtend also für jedermann verständlich sein. Nur dann kann es in allen Lebenslagen und bei allen fälligen großen wie auch kleinen Entscheidungen (= Wertungen) angewendet werden. Ich schlage Ihnen vor, Ihren Wertungen auf jeden Fall die Zehn Gebote zugrunde zu legen und lassen Sie sich durch nichts dazu verleiten, sie mit dem 11. Gebot zu umgehen. (Es lautet bekanntlich: Du sollst dich nicht erwischen lassen! Gott können Sie damit natürlich nicht austricksen und diese Tatsache sollten Sie niemals vergessen!).

Nehmen Sie zur Kenntnis, dass Harmonie, Gleichgewicht und Vielfalt Grundgesetze von Gottes Schöpfung sind und ferner die Verbesserung aller Zustände ein Ziel allen Wirkens ist. Bemühen Sie sich also so zu werten und zu entscheiden, dass Sie mit Ihrem Handeln Harmonie und Gleichgewicht fördern oder herbeiführen und in allem nach Verbesserung streben. Stellen Sie dabei den Respekt vor Gottes Schöpfung und ihrer Vielfalt ganz obenan. Gottes Schöpfung bedeutet vor allem: Ihre Mitmenschen ohne jeden Unterschied nach Rasse oder Hautfarbe. Das heißt nicht, dass Sie sich alles gefallen lassen müssen, was man Ihnen antut. Wer Sie auf die rechte Wange haut, den dürfen Sie durchaus daran hindern, Ihnen auch noch auf die linke Wange zu hauen, aber handeln Sie auch nicht nach der jüdischen Maxime „Auge um Auge, Zahn um Zahn".

Extrempositionen entsprechen nicht dem Gesetz der Schöpfung! Finden Sie den Mittelweg, finden Sie die Harmonie! Gottes Schöpfung, das ist die Natur, Ihre Umwelt auf Erden im großen Kosmos und im Mikrokosmos. Es ist die Zukunft Ihrer Kinder, Ihrer Enkel und der Menschheit insgesamt.

8. GLEICHGEWICHT UND HARMONIE

Wie ich im vorigen Kapitel schon angedeutet habe, bin ich im Laufe meiner Studien zu der Überzeugung gelangt, dass Harmonie und Gleichgewicht die wichtigsten Grundgesetze von Gottes Schöpfung sind. Die Beweise dafür liefert die Beobachtung der Schöpfung selbst. So wie die Werke eines Künstlers wichtige Rückschlüsse auf den Künstler selbst ermöglichen, so sind es die Werke der Schöpfung in denen sich ihr Schöpfer zu erkennen gibt. Das gesamte Universum basiert auf dem Zustand des Gleichgewichts, der Schwerkraft, des gegenseitigen aufeinander Einwirkens der in diesem Universum verteilten Massen und der Harmonie ihrer Bewegungen. (Berechnungen der Masse oder Materie des Universums weisen allerdings ein rätselhaftes Defizit aus. Um das tatsächlich vorhandene Gleichgewicht zu bewirken und zu erhalten, müsste die im Universum vorhandene Masse erheblich größer sein, als die bisher mit Sicherheit festgestellten Werte es vermuten lassen. Die Gelehrten fahnden derzeit noch nach dem Verbleib der festgestellten Fehlmenge und es dürfte nur noch eine Frage der Zeit sein, bis das Rätsel aufgelöst werden kann.)

Die Harmonie der Bewegungen besteht in Drehungen der Gestirne (z.B. auch der Erde) um sich selbst, der Umkreisung anderer Gestirne (Z.B. der Sonne), den Gesetzen der Schwerkraft folgend. Ferner der Rotation ganzer Galaxien (z.B. Milchstraße) um sich selbst. Alle Materie insgesamt befindet sich in harmonischer Bewegung, die bei allem Drehen und Kreisen einzelner Gestirne fortwährend von einem Punkt des Universums hinwegführt oder anders ausgedrückt: sofern man die festgestellte Bewegungsrichtung nach rückwärts verfolgt, so treffen sich die Linien aller Bewegungsverläufe der Gestirne und Galaxien in einem Punkt. Dies ist der Punkt in dem mit dem sogen. „Urknall" dieses uns bekannte Universum seinen Anfang genommen hat. Verfolgt man die Bewegungslinien in anderer Richtung, so wird deutlich, dass das Universum sich ständig weiter ausdehnt. Die Gelehrten streiten sich noch darüber, ob diese Bewegung irgendwann zum Stillstand kommt, sich dann umkehrt und alle Masse in umgekehrter Richtung sich zum Punkt des Urknalls zurückbewegt, das Universum also sozusagen „zusammenstürzt" oder ob das Auseinanderdriften der Massen im Universum unablässig und auf ewig weitergeht.

Sofern F.J. Tipler mit seinen Annahmen recht hat, werden wir, kraft der uns zuteil werdenden Unsterblichkeit, die Antwort auf diese Frage zu gegebener Zeit erfahren, es sei denn die Wissenschaftler der Fachrichtung Kosmologie oder Physik finden vorher die richtige Antwort. Gott hat in all seinen angeblichen Offenbarungen bemerkenswerter weise nichts aber auch gar nichts darüber mitgeteilt. Diese Tatsache sollte jeden Leser nachdenklich stimmen.

Wie schon im Kapitel über „das Böse" aufgezeigt, gibt es auch im Falle der göttlichen Normen „Gleichgewicht" und „Harmonie" negative und positive Abweichungen, jedoch mit der deutlich zu beobachtenden Tendenz, dass negative oder positive Abweichungen sich in kürzeren oder auch längeren Zeiträumen wieder auf den Normalzustand „Gleichgewicht" oder „Harmonie" einpendeln. Ich rege an, hierüber generell Forschung zu betreiben. Jede Konflikt- oder Katastrophensituation stellt eine Abweichung von der Norm „Gleichgewicht" oder „Harmonie" dar. Untersuchungen darüber wie „Gleichgewicht" oder „Harmonie" situations- oder fallbezogen zu definieren sind, geben Aufschluss über den jeweiligen „Normalzustand" und können Grundlage für Konfliktlösungen und Vorbeugung gegen durch Menschen verursachte Katastrophen sein.

Aus der Erkenntnis über die von Fall zu Fall geltenden Gleichgewichtsbedingungen, lassen sich Strategien zur Erreichung dieser Bedingung ableiten. Die Methode als solche ist generell anwendbar. Damit sind Familienprobleme ebenso zu lösen, wie innerstaatliche und zwischenstaatliche Probleme, oder auch Probleme der Staatengemeinschaft der Welt. Sicher wird auch schon heute praktisch nach diesem Prinzip verfahren, aber meiner Meinung nach nicht systematisch genug. Wenn Konflikte auftreten, versucht man sie zu lösen. Klüger wäre es, Abweichungen von Harmonie und Gleichgewicht systematisch zu erforschen, bevor die negativen Abweichungen so krass werden, dass Konflikte auftreten. Gelingt es, durch Grundlagenforschung, negative Abweichungen im Frühstadium zu erkennen, so lassen sich durch vorbeugende Maßnahmen Konflikte und Katastrophen vermeiden oder abmildern.

Ich meine, dies wäre eine leichtere Aufgabenstellung als jene, mit der die Erdbebenforscher befasst sind. „Gleichgewicht" und „Harmonie" sind Gesetze, deren Pflege und Beachtung ganz allgemein von Nutzen und nicht nur Spielwiesen harmoniebedürftiger Spinner sind. Der Begriff „harmoniebedürftig" wird übrigens meistens recht abschätzig gebraucht, so als sei dies etwas Negatives. Dabei ist doch das genaue Gegenteil der Fall. Harmoniebedürftige Menschen sehnen sich bewusst oder unbewusst nach der Erfüllung eines göttlichen Gesetzes der Schöpfung. Sollte man ihnen dies vorwerfen? Diejenigen, die über Harmonie abschätzig urteilen und reden, müssen sich fragen lassen, ob ihnen denn weltweit an noch mehr Streitsucht gelegen ist. Keineswegs ist es so, dass Harmonie gar dem Fortschritt im Wege steht, der sich nur aus dem Widerstreit der unterschiedlichen Denk- und Arbeitsweisen ergebe, wie viele meinen. Unterschiedliche Auffassungen lassen sich in einer Weise vertreten, in der die Harmonie gewahrt bleibt und der Fortschritt basiert ebenso wenig auf Kampf und Streit. Konflikte lassen sich am besten vermeiden, indem man möglichst frühzeitig erkennt, dass ein Zustand negativer Abweichung vom Sollzustand „Gleichgewicht" zu befürchten oder gar eingetreten ist. Sobald man dies erkannt hat, gilt es zu handeln, bevor die Abweichungen ein so unerträgliches Maß erreichen, dass schwere gesellschaftliche Konflikte, Revolutionen oder Naturkatastrophen sich zwangsläufig einstellen müssen.

Ich nenne hier zwei Problemfelder, die mir besonders gefährlich erscheinen, weil starke negative Abweichungen bereits feststellbar sind und daher dringender Handlungsbedarf im Sinne meiner vorstehenden Ausführungen besteht. Dass ich nur zwei Problemfelder nachfolgend anspreche und versuche Denkanstöße zu geben, hat ausschließlich praktische Gründe. Der Versuch einer vollständigen Darstellung aller erkennbaren Problemfelder, würde natürlich den Rahmen dieses Buches bei weitem sprengen.

1. Wohlstand, oder wenigstens menschenwürdige Lebensbedingungen für alle Menschen.

Wenn auch praktische Versuche der Verwirklichung von Kommunismus und Sozialismus fehlgeschlagen sind, so bedeutet dies noch lange nicht, dass Karl Marx mit seinen Erkenntnissen und Theorien völlig unrecht hätte. Ganz im Gegenteil, es zeigt sich gerade in der heutigen Zeit, dass eine fortschreitende Konzentration des Wohlstandes und des Reichtums in den Händen weniger stattfindet. Man kann also unschwer beobachten, dass dem Kapital die von Marx erkannte Tendenz zur Konzentration auf wenige Reiche tatsächlich innewohnt. Wenige werden immer reicher und immer größere Teile der Weltbevölkerung leben in Armut und Not. Der Prozess der Konzentration läuft aus einer Reihe von Gründen weit langsamer ab, als Marx angenommen hatte, aber er ist im Gange und er ist verhängnisvoll für alle Beteiligten. Es findet eine Störung des Gesetzes von Harmonie und Gleichgewicht statt, und es hat den Anschein, als ob sie sich beschleunige. Diese Störung ist ebenso wenig im Interesse der Reichen, - wo immer sie sich befinden mögen - wie natürlich auch der Armen. Über kurz oder lang wird das System instabil und explodiert oder implodiert. Den Armen kann dies egal sein, sie haben nichts zu verlieren. Im Gegenteil, sie können nur gewinnen, wenn die Karten neu gemischt werden und schließlich werden - wie von Marx vorausgesagt - sie es sein, die die Explosion herbeiführen.

Was wirklich auf dem Spiel steht ist die Wohlfahrt der Reichen. Ich vermag nicht zu erkennen, welchen Sinn es für sie machen könnte, wegen des Zugewinns weiterer Millionen oder Milliarden das Überleben oder den Grundstock ihres Wohlstandes insgesamt aufs Spiel zu setzen. Es liegt also gerade im Interesse dieser Leute, alles zu unternehmen, um die Instabilität des Kapitalistischen Systems auszugleichen, d.h. alles zu tun, um das Wohlstandsgefälle in der Welt zu beseitigen und Harmonie und Gleichgewicht wieder herzustellen und dauerhaft zu bewahren. Alle Versuche, die bisher in dieser Richtung unternommen worden sind, waren halbherzig und deshalb ergebnislos. Man muss den Abbau des weltweiten Wohlstandsgefälles zum Ziel einer eigenen Ideologie erheben und konsequent an seiner Erreichung arbeiten. Dabei sollte man nicht übersehen, dass jeder der Armen, denen es zu helfen gilt, den Versuch unternehmen wird, sich auf Kosten der übrigen Armen zu allererst die Taschen zu füllen, um sich anschließend genauso zu benehmen, wie all jene, die schon immer reich waren. An dieser menschlichen Neigung sind die Versuche Kommunismus und Sozialismus zu praktizieren, gescheitert und dies wird auch in absehbarer Zeit so bleiben. Darüber sollte sich auch jeder im klaren sein, der da meint, man könnte erneute Versuche in diese Richtung unternehmen und die wären dann erfolgreich, wenn man nur ein paar Fehler korrigiert, die in der Vergangenheit passiert sind. Es wird nichts in dieser Richtung funktionieren und weitere sinnlose Versuche sollten im Interesse der ganzen Menschheit unterbleiben.

Es gilt vielmehr einen Weg zu finden, um das kapitalistische System dauerhaft zu stabilisieren und gleichzeitig human zu gestalten, d.h. Wohlstand für alle zu schaffen. Das geht nicht ohne Opfer der wirklich Reichen, aber diese Opfer müssten freiwillig sein und der Erkenntnis folgen, dass jeder einen ihm gemäßen Beitrag zur Stabilisierung und Humanisierung des Kapitalismus zu leisten habe. Anstatt sich voll Stolz in den Listen der reichsten Menschen der Erde verzeichnet zu sehen, sollte ihre Auszeichnung darin bestehen, sich in einer Liste jener wiederzufinden, welche der Weltbank die größten Kapitalbeträge pro Jahr zur Verfügung gestellt haben. Die Weltbank verwendet diese Beträge, um in den ärmsten Ländern der Erde Hilfe zur Selbsthilfe zu leisten und zwar auf eine Weise, die verhindert, dass irgendein örtlicher Potentat oder Gauner auch nur einen Cent für sich abzwacken kann.

Stellt man sich vor, dass jeder mit einem Vermögen von mehr als 20 Mio. US$ Jahr für Jahr auf ein weiteres Anwachsen verzichtet und den Mehrertrag an die Weltbank abführt, so könnte diese mit dem Geld einiges bewegen. Ziel könnte es sein, die Gelder den bedürftigen Ländern zweckgebunden für 10 Jahre zins- und tilgungsfrei zur Verfügung zu stellen. Nach 10 Jahren sollte eine Situation erreicht sein, dass Rückzahlungen zinsfrei erfolgen könnten. Diese werden den ursprünglichen Geldgebern zurückerstattet, so dass sie nach 20 Jahren wieder über ihren abgetrennten Zuwachs verfügen und per Saldo lediglich auf Zinseszins verzichtet hätten. Das Verfahren müsste so lange beibehalten werden, bis es gelungen wäre, das gewünschte Stabilitätsziel zu erreichen.

Ergänzend sollte auch die Staatenwelt tätig werden. Sofern man die Ausgaben für Verteidigung auf das unabdingbare Minimum verkürzt, gleichzeitig aber die Budgetansätze auf der ursprünglichen Höhe belässt, so entstehen Differenzbeträge, die ebenfalls für Maßnahmen zur Beseitigung des Wohlstandsgefälles einzusetzen wären. Wie das geschehen könnte, will ich sofort erklären. Zuvor jedoch ein Hinweis darauf, dass jeder Cent, der in Waffen investiert wird, völlig verlorenes Geld darstellt. Die einzigen, die davon profitieren, sind die Aktionäre der Waffenfabriken und allenfalls deren Beschäftigte. Die Waffen selbst haben nur dann einen Nutzen, wenn sie dazu dienen Kriege zu verhindern. Gute Waffen sind also jene, die ohne je benutzt worden zu sein, irgendwann mit neuerlichem Kostenaufwand verschrottet werden können. Sobald es durch menschliche Torheit erforderlich wird, Waffen einzusetzen, so ist damit nur Schaden und niemals Nutzen zu erzeugen. Macht man sich einmal die Mühe zu untersuchen, ob die Kriege der jüngsten Vergangenheit den beteiligten Völkern oder Volksgruppen irgend etwas genutzt haben, so kommt man zum Ergebnis, dass alle gemeinsam mehr Schaden erlitten als Nutzen gezogen haben, sofern man von einigen Banditen absieht, die auf irgendeine Weise im Hintergrund vom Leid anderer profitieren konnten.

In Waffen investiertes Geld ist also grundsätzlich verloren. Es wäre besser, es an die Armen zu verschenken und dies ist genau das, was mit den oben erwähnten, zu erwirtschaftenden Differenzbeträgen geschehen sollte. Zur Vermeidung von Beschäftigungsproblemen in den gebenden Ländern sollten dort zum Ausgleich für Beschäftigungsverluste in der Rüstungsindustrie Güter hergestellt werden, die man in den armen Staaten benötigt und die man an diese verschenken könnte. Im Gegensatz zu dem gleichfalls „verschenkten" Geld, das für Waffen ausgegeben wurde, ließe sich mit den produzierten und sodann verschenkten Gütern dauerhafter Nutzen erzielen. Natürlich bin ich nicht so blauäugig zu glauben, dass diese beiden Anregungen mit Begeisterung aufgenommen und sofort in die Tat umgesetzt würden. Aber vielleicht regen sie diesen und jenen zu eigenem Nachdenken an und machen deutlich, dass man sich etwas Neues einfallen lassen muss, um der Probleme Herr zu werden. Gewiss gibt es Institutionen, die meine Überlegungen einmal in Computermodellen simulieren könnten, um zu erkennen, welcher Nutzen erzielt werden könnte, und wie eine praktikable Ausgestaltung und Handhabung auszusehen hätte. Mir geht es nur darum, auf gefährliche Störungen von Harmonie und Gleichgewicht hinzuweisen und mit einigen Anregungen anzudeuten, was zur Abhilfe denkbar erscheint.

2. Gefahr durch Drogen

Von Alexander dem Großen weiß man, dass er mit überraschenden und unerwarteten Problemlösungen gute Erfolge hatte. Der berühmte „gordische Knoten" war so verwirrend geknüpft, dass Alexander, wenn er denn versucht hätte ihn aufzuknoten, wohl noch heute damit beschäftigt wäre. Wie bekannt war dem verheißen, ein Weltreich zu gewinnen, der diesen gordischen Knoten lösen würde, und alle Welt ging davon aus, dass man ihn aufknoten müsse. Alexander wollte auf jeden Fall sein Weltreich haben und er hat es auch bekommen. Den Knoten hat er einfach mit seinem Schwert durchgehauen und damit das Problem gelöst und viel Zeit gespart. Warum ich das erzähle?

Nun, wenn ich mir ansehe, was sich weltweit auf dem Gebiet der Drogen abspielt, dann muss ich an diesen Alexander denken. Alle Bemühungen mit Hilfe von Verboten, Polizei oder Militär des Drogenproblems Herr zu werden sind bis heute praktisch ergebnislos geblieben. Es ist nicht damit zu rechnen, die durch Drogen verursachte Störung von Gleichgewicht und Harmonie in dieser Welt in der bisher praktizierten Weise aufzuheben. Dass Verbote nichts ausrichten können, hat man deutlich gesehen, als in den USA Alkohol verboten war. Als Ende des 19. Jahrhunderts die russischen Zaren verboten, Bücher in Litauischer Sprache zu drucken, um die Litauer zu Russen zu machen, wurden in 40 Jahren 2000 verschiedene Buchtitel in litauischer Sprache illegal gedruckt. Das war mehr als in der ganzen Geschichte Litauens vor dem Verbot.

Die Drogenhändler müssen nichts mehr fürchten, als eine weltweite Aufhebung des Drogenverbots. Dann würden die Preise für ihre Ware ins bodenlose fallen und sie könnten keine riesigen Gewinne mehr erzielen, die ihnen der aufwendige Verkauf trotz Verbotes in die Kassen spielt. Wollte die Weltgemeinschaft das Drogenproblem ernsthaft und dauerhaft lösen, so hätte sie zumindest zwei Möglichkeiten:

1.) Die chemische Industrie mobilisiert ihr ganzes Können und Wissen und entwickelt Stoffe, die Eigenschaften haben, wegen derer Drogen so begehrt sind. Sie müssten allerdings frei sein von den schädlichen Wirkungen der bekannten Drogen und sie müssten   spottbillig   sein. Niemand würde mehr die teuren Drogen kaufen und die neuen Mittel könnten frei erworben werden, da sie ja keine schädlichen Nebenwirkungen hätten. Mit einem Schlag wären die Dealer aus der Nähe der Schulen hinweggefegt. Ihr teures und gefährliches Zeug würde keiner mehr kaufen. Die ganze Beschaffungskriminalität, mit der die Polizei in vielen Staaten alle Hände voll zu tun hat, würde in Wegfall kommen. Da wäre niemand mehr, der neue Kunden suchen und neugierige Kinder nach und nach in den Teufelskreis der Drogen hineinziehen würde, um sie schließlich nicht mehr daraus entkommen zu lassen.

2. Die zweite Möglichkeit hätte natürlich dieselben Konsequenzen, der Drogenmarkt würde sofort zusammenbrechen, aber ich vermag nicht abzuschätzen, welcher Schaden in Zukunft fortlaufend entstehen würde. Hierüber müsste weltumspannend eine Großstudie mit anschließender Computersimulation angefertigt werden, um abzuschätzen, wie Chancen und Risiken dieser Maßnahme aussehen würden.

Erst wenn man ein Ergebnis vorliegen hätte, könnte man handeln und alle Staaten müssten mitziehen. Ich spreche jetzt von der völligen Freigabe von Drogen in Verbindung mit einer so drastischen Verbilligung, dass sich das Geschäft für die Drogenhändler bisherigen Stils nicht mehr lohnen würde. Die schlimmsten Gegner eines solchen Vorgehens sind ohne Zweifel die Bosse der Drogenmafia, denn ihr Geschäft wird blühen, solange das Drogenverbot bestehen bleibt. Sie sind es, die in erster Linie davon profitieren. Es ist eine sichere Garantie für hohe Preise! Eine Aufhebung des Drogenverbotes vergleiche ich durchaus mit der Tat Alexanders des Großen. Den Kampf wie bisher weiterzuführen ist aussichtsloser als der Kampf gegen die Hydra. Die Hydra war ein schlangenartiges Ungeheuer der griechischen Sage und hatte nur neun Köpfe. Sie wurde am Ende von Herakles bezwungen. Die Drogenmafia hat unzählige Köpfe und kaum ist einer abgeschlagen, da sind schon einige nachgewachsen. Man kann sie mit herkömmlichen Mitteln nicht besiegen. Je länger man damit wartet, etwas Neuartiges zu versuchen, desto schwieriger wird auch dies.

Mit den gewaltigen Geldmitteln, die dieser Mafia zur Verfügung stehen, kann man genügend Politiker in vielen Ländern dafür bezahlen, dass sie sich mit dem Hinweis darauf, welches Massenelend eine Aufhebung des Drogenverbots zur Folge haben würde, auf das heftigste gegen eine solche Maßnahme einsetzen werden. Die Öffentlichkeit wird auch noch glauben, es handele sich dabei tatsächlich um moralische Bedenken. Wer es ernst meint, der kann dies nur unter Beweis stellen, indem er den Gedanken einer Fallstudie großen Stils zu diesem Problem aufgreift und dafür sorgt, dass sie in absehbarer Zeit zu einem ernst zu nehmenden Ergebnis führt. Die Menschheit steht insgesamt vor einem schwierigen Problem und muss im Interesse der Sicherheit und Wohlfahrt zukünftiger Generationen eine dauerhafte sichere Lösung finden.

Ich persönlich bin davon überzeugt, dass, falls die Lösung unter 1. nicht realisierbar ist, nur der unter 2. beschriebene Weg zum Ziel führen wird, und ich bin ferner der Meinung, dass der Nutzen einer solchen Maßnahme den zu erwartenden Schaden für die Gesellschaft bei weitem übertrifft. Indes im Zeitalter der Meinungsforschung und der Computersimulation, kann man spekulative Erwartungen und Meinungen mit ziemlicher Genauigkeit bestätigen oder widerlegen. Dies genau rege ich an. Eine derartige Studie müsste im Auftrag der Vereinten Nationen durchgeführt werden und alle Mitglieder einbeziehen.

9. ÜBER DIE FREIHEIT DER ENTSCHEIDUNG

Es wird immer wieder darüber geredet, der Mensch habe uneingeschränkte Freiheit, sich für dies oder jenes zu entscheiden, z.B. für Gott oder gegen Gott. Das mögen wir subjektiv so empfinden. In Wahrheit ist unsere Freiheit durch vielerlei Umstände beeinflusst und eingeschränkt. Da sind zuerst einmal jene Einflussfaktoren zu nennen, die in uns selbst wirken. Es wird immer deutlicher, dass nicht nur jede Zelle unseres Körpers durch ein DNS genanntes Programm bestimmt ist, auch wir selbst haben jeder für sich ein persönliches Programm, das in den Genen codiert ist. Die Forscher haben mit Hilfe höchst leistungsfähiger Elektronenrastermikroskope bei der Entschlüsselung dieses Codes in unseren Genen schon große Fortschritte gemacht. Es wird auch schon an der Veränderung der Gene gearbeitet (Genbeeinflussung).

Zur Beurteilung dieser Tätigkeit möchte ich festhalten: Der Mensch, als Schöpfungsgehilfe Gottes, ist zu diesem Tun absolut berechtigt, sofern er es verantwortungsvoll ausführt und damit dem Ziel der Verbesserung der Schöpfung dient. Es ist völlig unsinnig diese Forschungsarbeit zu behindern und zu bekämpfen. Die Genbeeinflussung ist eine von Gott vorgesehene Möglichkeit auch eine weiter wachsende Weltbevölkerung zufriedenstellend zu ernähren oder im Kampf gegen Krankheiten Erfolge zu erzielen, die ohne solche Methoden nicht möglich wären. Nicht die Forschungsarbeit ist problematisch. Worauf es in erster Linie ankommt, ist die Ausarbeitung von Normen, die dabei zu beachten sind und ein System, wie diese Normen weltweit einheitlich durchgesetzt werden können. Eine Aufgabe, derer sich die UNO zu widmen hätte.

Doch weiter zum Thema selbst: Es ist jetzt schon völlig klar, für jeden Menschen ist durch sein in den Genen festgelegtes Erbgut eine bestimmte Bandbreite der Entwicklungsmöglichkeiten vorgegeben. Diese Bandbreite ist nicht völlig starr und unbeeinflussbar. Sie ist durchaus von äußeren Faktoren, in gewissem Umfang zu verändern, aber ein vorgegebenes Grundmuster bleibt bestehen. Äußere Faktoren sind in erster Linie die Einflüsse des Elternhauses, der Einfluss der Erziehung im weitesten Sinne, ferner die Einbindung in bestimmte Kulturkreise und gesellschaftliche Gegebenheiten u.a.

Wir nehmen als völlig selbstverständlich hin, dass die äußeren Merkmale der Menschen feststehen. Da kann sich jemand die Haare färben oder in diese oder eine andere Richtung kämmen. Wer eine Glatze hat, der kann zwar eine Perücke tragen, aber die Wahrheit ist die Glatze darunter. Man kann Operationen ausführen, Nasen, Busen, Ohren, Falten und mehr korrigieren, aber die Größe den Körperbau und die Hautfarbe sind durch Gene bestimmt und entziehen sich bisher der Beeinflussung durch den Menschen.

Demgegenüber wird vielfach erwartet, dass die inneren Merkmale wie Charakter, Wesensart, geistige Fähigkeiten und Gefühle in dieser oder jener Weise beeinflusst und verändert werden könnten. Da erwarten Eltern von ihren Kindern z.B. in der Schule Leistungen, zu denen diese wegen ihrer anders gelagerten Fähigkeiten, wegen ihrer in den Genen angelegten Bestimmung gar nicht in der Lage sind.

Es könnte viel kindliches Leid vermieden werden, wenn die Zusammenhänge offensichtlicher wären. Allgemeingut wäre, zu wissen, dass ein Kind mit dem Lernen trotz größter Anstrengung mehr Schwierigkeiten hat, als ein anderes, weil seine Gedächtnisleistung geringer ist, weil seine Konzentrationsfähigkeit kleiner ist oder weil sein innerer Antrieb zur Überwindung von Hindernissen weniger ausgeprägt ist als bei einem Mitschüler.

Es wird bei den von falschen Erwartungen seiner Umwelt betroffenen Kindern großer seelischer und auch körperlicher Schaden angerichtet, indem ihnen vermittelt wird, dass sie Versager seien. Würde man sie mit der richtigen Elle messen und Anforderungen an sie stellen, die sie auch erfüllen können, so würde man auch diesen „Versagern" die Möglichkeit bieten, glücklich und zufrieden heranwachsen zu können. Ich hoffe sehr, dass die Erkenntnisse der Genforschung nicht nur dazu beitragen werden, Krankheiten auszuschalten, die bisher noch als unheilbar gelten, ich hoffe, dass man auch Methoden findet um zu erhellen, welche Anforderungen jedes Kind zu erfüllen vermag und wo die

Grenzen seiner Entwicklung und z.B. seiner Lernfähigkeit liegen, damit man damit aufhören kann, Leistungen zu verlangen und zu erwarten, die unerreichbar sind und deshalb gerechterweise dem Kind nicht abverlangt werden dürften.

Dies müsste zwangsläufig zu viel differenzierteren Schulsystemen und Lernmethoden führen, als wir sie gegenwärtig vorfinden, aber die Ergebnisse würden dazu beitragen, die Menschheit voranzubringen. Die Kosten wären sicherlich höher, der gesamte Aufwand wäre größer, aber im Interesse unserer Kinder sollte uns dies nicht abschrecken, das Erforderliche und dank der Entwicklung der Computerwelt auch Mögliche zu unternehmen. Die Antwort auf die Zunahme der Weltbevölkerung kann nicht sein, in größeren Klassen immer weniger Rücksicht auf Individualität zu nehmen, sondern im Gegenteil unter Ausnutzung der technischen Möglichkeiten immer individueller zu erziehen und zu bilden.

Nicht genug damit, dass die geistigen Fähigkeiten in Genen vorgezeichnet sind, auch die Körperfunktionen, die Steuerung der inneren Organe durch das Nervensystem und die sogenannte „Innere Sekretion" (z.B. Hormone, Immunsystem etc.) legen die Bandbreite fest, innerhalb derer wir uns frei entfalten können.

Wir sehen, dass von objektiver Freiheit von Entfaltung und Entscheidung keine Rede sein kann. Jeder verfügt nur über seine ganz subjektiven Möglichkeiten und weitere Einschränkungen persönlicher Freiheit treten in Gestalt von Krankheiten auf, wo z.B. im Extremfall der sogenannten „Alzheimer" Krankheit jede Möglichkeit einer freien Persönlichkeitsentfaltung nach und nach verloren geht. Ja, man kann in diesem Fall sogar sagen, dass die Persönlichkeit selbst verloren geht, weil Teile des Gehirns zerstört werden, durch die persönliche Merkmale immer wieder neu geformt werden müssten.

Es kann kein Zweifel bestehen, dass es Gottes Wille ist, dass der Mensch alle Möglichkeiten ausnützt, welche die Genbeeinflussung bzw. Genreparatur in Zukunft bieten wird um solche Krankheiten oder ihre Wirkung abzuschwächen oder auszumerzen.

An dieser Stelle möchte ich übrigens vorschlagen, den Begriff „Gen-manipulation" durch „Genbeeinflussung" oder „Genreparatur" zu erset-zen, da dem Begriff „Manipulation" seit langem ein negativer Beige-schmack anhaftet, der der Sache, um die es in Wahrheit geht, nicht gerecht wird und der wohl von Leuten geprägt wurde, die der Allge-meinheit von Anfang an aus ideologischen Gründen den Eindruck auf-zwingen wollten, es handele sich dabei um etwas ganz und gar Nega-tives. Dies ist - wie ich nochmals wiederhole - überhaupt nicht der Fall, wenn man begreift, dass wir Schöpfungshelfer Gottes sind und wenn wir bei unserem Tun seine Gesetze beachten.

Nun ein Wort zu den äußeren Einflüssen. Wie soll ein Mensch auf die Idee kommen, sich für Gott zu interessieren, wenn ihm von Kindesbei-nen an eingeredet wird, es gebe keinen Gott, wie dies in den früher kommunistischen Staaten der Fall war. Dabei war die Behauptung, es werde dort Kommunismus praktiziert genauso falsch wie die Behaup-tung, dass es keinen Gott gebe. Vielleicht würde Kommunismus am Ende ja doch praktisch funktionieren, wenn man es einmal in der Kom-bination mit dem Glauben an Gott versuchen würde, obwohl diesbe-zügliche Versuche in der christlichen Urgemeinde oder bei einzelnen Sekten nicht sonderlich überzeugend verlaufen sind. Sie sind ganz einfach wider die menschliche Natur.

Welche Entscheidungsfreiheit hat dem gegenüber eine Person, die als Kind christlich getauft wurde und in einer sehr katholischen Familie in einer ganz katholischen Gemeinde eines überwiegend katholischen Landes aufwächst? Ob sie je etwas anderes kennen lernen wird als die katholische Religion, ist sehr fraglich und so wird sie sich mit den Frei-heiten begnügen müssen, die ihr der katholische Glaube lässt. Sofern sie die durch diese Religion gezogenen Grenzen überschreitet, muss sie ein schlechtes Gewissen haben, obwohl sie sich ihrem Wesen und ihrer Natur gemäß verhält, Gott gegen ihr Tun gar nichts einzuwenden hätte und Anhänger anderer Religionen ihr Problem überhaupt nicht haben. Die haben dafür aber andere Probleme.

Wie soll jemand auf die Idee kommen, am Koran zu zweifeln, wenn er in die Welt des Islam hineingeboren wurde und ihm im Elternhaus, in

Schulen, in Koranschulen und in der ganzen Gesellschaft, die ihn umgibt vermittelt wird, Gott persönlich habe die Suren des Koran dem Propheten Wort für Wort übermittelt oder übermitteln lassen; Irrtum und Zweifel daran seien daher ausgeschlossen. Woher sollte er die Freiheit nehmen, sich für oder gegen Gott zu entscheiden? Seine Bandbreite schwankt doch nur zwischen den Möglichkeiten ein mehr oder vielleicht auch weniger fanatischer Anhänger von Mullahs zu werden.

Die Beispiele lassen sich beliebig vermehren und wenn tatsächlich ein Muslim sich entscheiden sollte, Jude oder Christ zu werden, oder auf seine Weise oder gar nicht an Gott zu glauben, so muss er mit Verfolgung, Ächtung oder Nachteilen durch seine Umgebung rechnen, die ihn für die Freiheit, welche er sich genommen hat, vielleicht gar mit dem Tode bedroht.

Worum es mir geht, ist verständlich darzulegen, dass jedem nur relative Freiheit gegeben ist, dass innere Faktoren prägend und einengend wirken auf die der Mensch bisher nur geringen Einfluss hat, was sich vielleicht in Zukunft ändern könnte. Und dass ferner äußere Umstände, die im wesentlichen von Menschen bestimmt werden, die Denk- und Handlungsweisen der Menschen bestimmend beeinflussen.

Der Einfluss Gottes ist allerdings dominierend. Er lässt die Gene so werden, wie sie sich letztlich auf die Persönlichkeitsbildung jedes Einzelnen auswirken und er nimmt Weichenstellungen vor, indem er Menschen in ein vom Judentum bestimmtes Umfeld, andere in die islamische Welt, wieder andere in die christliche Zivilisation hineingeboren werden lässt. Dadurch sind sie mit völlig unterschiedlichen Wahrheiten konfrontiert, die ihnen möglicherweise ein Leben lang genügen. Vielleicht werden sie nie auf die Idee kommen, dass sie durch ihre Herkunft unfrei oder fremdbestimmt seien, obwohl es in Wahrheit natürlich der Fall ist. Nur wer in der Lage ist, Fragen zu stellen, auf alle Fragen eine Antwort zu suchen und zu finden, wer fähig ist, alles in Frage zu stellen, zu hinterfragen, zu prüfen und gegeneinander abzuwägen, der ist wirklich frei. Wenn er sich nach gründlichem Abwägen für etwas entscheidet, was er als wahr erkennt, so benötigt er allerdings auch noch die Stärke und Unabhängigkeit, auch die negative Reaktion seiner Umwelt zu ertragen, mit der er rechnen muss, sofern er zu Erkenntnissen gelangt, die von der allgemein gültigen Überzeugung der Mehrheiten in seinem Umfeld abweichen. Wie schwer dies ist, haben all jene Entdecker und Forscher zu spüren bekommen, deren Erkenntnisse den Rest der Menschheit zum Umdenken und Umlernen zwangen. Solche Leute werden zwar heute in der Regel nicht mehr eingesperrt und gefoltert, aber man kann auch nicht gerade behaupten, dass neue Erkenntnisse mit Begeisterung aufgenommen würden, wenn sie in Frage stellen, was in 2000 Jahren zwar nicht zur täglichen Praxis, aber doch zur Gewohnheit geworden ist.

Es gibt doch auch zu viele Leute, deren Positionen, deren Macht und Einfluss durch neue Erkenntnisse in Frage gestellt werden und ihre Macht und ihren Einfluss setzen sie deshalb meist unerbittlich ein, um Neuerungen des Denkens und Handelns zu verhindern, wo immer dies möglich ist. So wird es immer ein langer und schwieriger Weg sein, neuen Erkenntnissen zum Durchbruch zu verhelfen.

Ich nehme an, dass Frank J. Tipler, dessen Buch ich schon früher erwähnte auf Grund seiner dort gemachten ganz neuartigen Aussagen über Gott nicht wirklichen Anfeindungen ausgesetzt ist. Dies mag wohl in erster Linie daran liegen, dass die meisten, die es lesen, es gar nicht verstehen. Diejenigen, die Tipler verstehen und denen überhaupt nicht gefallen kann, was sie da lesen müssen, werden gleichwohl beruhigt sein, da sie sehr wohl erkennen, dass ihm eine größere Breitenwirkung erst vielleicht in zweihundert Jahren zuteil wird und dann sind sie nicht mehr davon betroffen.

Was aber wird geschehen, wenn jemand es wagt, in allgemein verständlicher Form „Heilige Schriften" in Frage zu stellen, auf darin enthaltene Unstimmigkeiten hinweist, gar Gott darin beleidigt sieht und damit erkennbar macht, dass er nicht etwa ein gewöhnlicher Atheist ist - deren es genug gibt - sondern im Gegenteil fest von der Existenz Gottes überzeugt?

Dessen Anliegen es ist, davon zu überzeugen, dass es nichts bringt, alte und dem Inhalt nach überholte Schriften „recht zu lesen", anstatt Gott dort zu suchen, wo er tatsächlich zu finden ist, nämlich in seinen Werken, seiner Schöpfung insgesamt.

Ich habe viele Jahre um die Erkenntnisse gerungen, die ich in diesem Buch mitteile, aber seitdem ich meiner Sache sicher bin, ist auch klar, dass ich über alles schreiben würde, um anderen, die sich dafür interessieren, Gelegenheit zur Information sowie die Möglichkeit dazu zu geben, sich ihre eigenen Gedanken zu machen. Nehmen Sie sich dazu die Freiheit! Vor allem vergessen Sie nicht, Ihren Kindern eine Vorstellung von den Werten zu vermitteln, die es zu respektieren und zu schützen gilt.

Glauben Sie nicht, dass es spurlos an Ihren Kindern vorbeigeht, wenn sie ständig im Fernsehen Filme anschauen, in denen der Eindruck erweckt wird, mit Gewalt könne man Probleme lösen! Wundern Sie sich vor allem nicht über das negative Ergebnis, das am Ende herauskommt, wenn Sie dies zulassen! Was glauben Sie denn ist die Ursache für zunehmende Gewalttätigkeit unter Kindern und Jugendlichen? Es gibt Erkenntnisse, die besagen, dass die Charakterbildung des Menschen im wesentlichen bis zum siebten Lebensjahr erfolgt. Dem Elternhaus, seinem Einfluss, seiner Fähigkeit Regeln und Werte zu vermitteln, kommt somit entscheidende Bedeutung zu. Glauben Sie im Ernst, dass aus elternlosen bis an die Zähne bewaffneten Palästinenserkindern so ohne weiteres friedliche Normalbürger werden könnten? Sicher nicht! Kümmern wir uns also in aller Welt und mit besonderer Sorgfalt um Kinder und Jugendliche. Sie sind es, die nach uns das Wohl und Wehe der Menschheit bestimmen. Es genügt nicht „ungeborenes Leben" zu schützen, wenn wir es nach der Geburt im Stich lassen!

Da müssen dringend einige falsch gesetzte Akzente zurechtgerückt werden! Warten Sie nicht darauf, dass andere beginnen etwas zu tun. Fangen Sie selbst mit dem an, was zu tun in Ihrer Macht steht. Ich hoffe, dass ich Ihnen mit diesem Buch Orientierung und Anregungen vermitteln kann, damit Sie sich auf den Weg machen, und zwar in die richtige Richtung! Ich bin überzeugt, dass wir am Beginn einer Entwicklung stehen, wie sie stattgefunden hat, als die griechisch/römische Götterwelt durch das Christentum verdrängt wurde. Ich bin voll Zuversicht, dass sich am Ende die Wahrheit über Gott durchsetzen wird. Er ist ein Gott, an den künftige Generationen glauben können ohne durch sein sich ständig änderndes Erscheinungsbild stets erneut irritiert zu werden. Ein Gott, von dem wir nicht erwarten dürfen, dass er ständig eingreift, wenn die Dinge mal nicht so laufen, wie es in seinem Sinne wäre. Wir müssen begreifen, dass er uns tatsächlich die Freiheit gegeben hat, die Dinge zu gestalten. Damit tragen wir aber auch selbst die Verantwortung für das, was wir richtig oder falsch machen. Es kommt also darauf an, sich darum zu bemühen, zu erkennen, was in jeder Situation richtig und was falsch ist.

Das müssen Sie, wenn sie Kinder haben, diesen rechtzeitig beibringen: Die Gesetze von Gottes Schöpfung sind die Richtlinien. Deren Beachtung ist das Einzige, was Gott wirklich von Ihnen verlangt. Er macht es uns viel leichter, an ihn zu glauben und in seinem Sinne zu handeln, als jüdische, christliche oder islamische Lehren erwarten lassen. Sie müssen keinerlei Rituale einhalten, sie müssen nicht an Wunder glauben, nicht an Engel, Teufel oder Heilige. Gott tut nicht, was sie nach seinen Regeln selbst zu tun haben, aber er begleitet wohlwollend, was in seinem Sinne geschieht. Er braucht keine Boten oder Engel. Menschen bedienen sich irgendwelcher Boten, wenn sie selbst nicht in der Lage sind, Nachrichten zu überbringen oder zu bequem sind, sich auf jemanden zu zu bewegen. Dann bedient man sich der Hilfe von Vermittlern, von Mittelsmännern von Boten. Gott hat derlei nicht nötig. Wer allmächtig ist, wird sich keiner typisch menschlichen Hilfen bedienen und warum sollte Gott etwas tun, was nicht logisch ist?

Sie dürfen also in aller Freiheit so leben, wie Sie erschaffen wurden. Gott erwartet nicht, dass sie etwas anderes werden, als das Wesen, das er in Ihren Genen bestimmt hat. Allerdings, seine Regeln sind zu beachten. Dies ist wahrhaftig nicht unbillig, denn auch im freiesten und demokratischsten Staat mit dem Ziel der Gleichbehandlung aller Bürger müssen Gesetze eingehalten werden. Gleichheit aller Bürger vor dem Gesetz bedeutet aber nicht, dass alle gleich wären, sie werden nur vor dem Gesetz gleich behandelt. Mildernde Umstände gibt es für Arme und Reiche, für Gebildete und Ungebildete für Kranke und Gesunde. Und ebenso verfährt Gott. Er wird nicht von einem Menschen Dinge erwarten, wozu dieser aufgrund der Konstellation seiner Gene nicht fähig ist. Er wird nur bewerten ob er sich gemessen an seinen Möglichkeiten bestmöglich bemüht hat. Das kann er von jedermann erwarten.

10. GLAUBEN UND GEFÜHLE

Sie werden sich vielleicht schon gefragt haben, ob denn in diesem Buch und im Hinblick auf das von mir gewählte Thema Gefühle und Emotionen gar keine Rolle spielen. Sie tun es natürlich in einem erheblichen Ausmaß, aber ich werde hier nur meine ganz persönliche Sichtweise darstellen und keine wissenschaftliche Abhandlung über all das abliefern, was man über Entstehung von Gefühlen und die daran beteiligten Organe des menschlichen Körpers allen voran des Gehirns inzwischen herausgefunden hat. Dies hat bereits ein Amerikaner Namens Daniel Goleman in einem Buch mit dem Titel „Emotionale Intelligenz" besser ausgeführt, als ich es je zustande bringen würde. Ich empfehle Ihnen die Lektüre dieses Buches ausdrücklich. Mein eigenes Buch, das Sie vor sich liegen haben, verdankt sein Zustandekommen zu aller erst meinen Gefühlen, die so lange hartnäckig auf meinen Verstand eingewirkt haben, bis ich mich schließlich ans Werk gemacht habe. Und je weiter ich mit seiner Vollendung fortschreite, desto mehr fühle ich mich erleichtert und befreit. Meine Gefühle sind zufrieden mit dem, was mein Verstand unter ihrer Mithilfe zu Papier gebracht hat. Es war am Anfang nicht erkennbar, dass es so kommen würde, ja müsste.

Ich bin als ein mitteleuropäischer Christenjunge in christlicher Tradition und umgeben von christlich geprägter Kultur aufgewachsen und der gerade verlorene Krieg hat alle Personen in meiner Umgebung noch mehr veranlasst, nach christlichen Werten zu suchen, weil sie als einzige einen Weg aus dem tiefen Tal verhießen, in das wir alle (einschließlich uns Kindern) gefallen waren. Aber sonderbarerweise mischten sich bei mir in die Bereitschaft alles gläubig in mich aufzunehmen die rein gefühlsmäßig bedingten Zweifel, ob es wirklich so gewesen sei, was ich da glauben sollte. Da war die Eitelkeit von Pfarrern, die so gar nicht mit dem übereinstimmen wollte, was sie über Demut und Verzicht predigten. Da konnte man die Erwachsenen beobachten, die voll Frömmigkeit und in großer Andacht in den Kirchen saßen und kurz hinterher Dinge taten, die man ihnen, fromm und andächtig, wie sie in der Kirche waren, niemals zugetraut hätte.

Da war ein Religionslehrer, der sich meiner hartnäckigen Fragen nicht mehr zu erwehren wusste und deshalb von seinem Katheder herab eine dicke Bibel (AT + NT) nach mir warf, da ich angeblich den Unterricht gestört hatte - was bei Gott nicht der Fall war. Hätte ich nicht blitzschnell auf das außergewöhnliche Wurfgeschoss reagiert, indem ich wegtauchte, wer weiß, ob ich heute noch von dieser Begebenheit berichten könnte.

Da waren so viele Fragen und wer sollte sie mir denn besser beantworten können, als der in meinen Augen für all diese Fragen zuständige Religionslehrer? Ich wollte zum Beispiel gerne wissen, warum Gott der Bibel nach zu urteilen früher so häufig mit den Menschen gesprochen hatte und im Kontakt stand und dies - soweit mir bekannt war - seit langem unterlassen hatte. Da war natürlich ganz dringend die Frage, wie dieser als gütig und barmherzig geschilderte Gott etwas so Schreckliches wie diesen Krieg zulassen konnte, den wir gerade mit knapper Not überlebt hatten. Warum hat er nicht eingegriffen, bevor alles zu spät war? Warum hatte er nicht wenigstens das Attentat auf Hitler gelingen lassen? Warum hat er nicht seinen Sohn geschickt als wir kein Brot, aber großen Hunger hatten, nachdem der mit solcher Leichtigkeit mit drei Broten dreitausend oder fünftausend (oder mehr?) Hungrige gespeist hatte?

Was nützt es, die Bibel nach allen Seiten zu wenden, vorwärts, rückwärts und „neu recht" zu lesen, wenn Gott sich so offensichtlich für das Geschehen auf der Erde desinteressiert zeigt, wenn er nicht eingreift, wenn er keine Botschaften überbringen lässt, wenn er einfach weg ist?

All diese Fragen und noch viele mehr waren es, die mich bewegten und mein Gefühl sagte mir, dass irgend etwas nicht stimmen konnte. Entweder hatte Gott mit Moses und anderen Kontakt gehabt und gar seinen eigenen Sohn geschickt, dann gab es keinen Grund damit aufzuhören, dann konnte nicht plötzlich Funkstille eintreten und - sieht man von Mohammed ab - zweitausend Jahre lang nichts mehr passieren! Oder es war alles so wie von Mohammed dargestellt, dann gab es keine Rechtfertigung mehr für Judentum und Christentum und zwar schon seit langer Zeit. Oder es ist alles wieder ganz anders nämlich so, dass Gott sich überhaupt nie eingemischt hat und es auch in Zukunft nicht tun wird, weil er den Menschen Souveränität in Fragen ihrer eigenen Belange verliehen hat und diese Souveränität - geschehe was da wolle - auf jeden Fall und in jedem Fall respektiert.

Ich habe mir schon in der Schule immer und immer wieder die Frage gestellt, was eine Religion wert sein mag, die viele sinnvolle und nützliche und hilfreiche Gebote seit 2000 Jahren überliefert und interpretiert und auslegt und bespricht und lehrt, jeden Sonntag in den Kirchen und auch sonst bei vielen Gelegenheiten verkündet, wenn der Erfolg nach so langer Zeit derart minimal ist, wenn man nach Leuten, die sich daran wirklich orientieren und die sich bemühen, all dies praktisch umzusetzen, so verzweifelt suchen muss?

All diese Fragen ließen in mir das Gefühl übermächtig werden, dass man den Dingen auf den Grund gehen müsse, um Erklärungen zu finden, die stichhaltig sind um so zu einer Sichtweise zu gelangen, die in sich schlüssig ist, die Gefühle und Verstand gleichermaßen befriedigt, und die erkennen lässt, welchen Sinn menschliches Wirken hat, welchen Gesetzen es gehorchen muss und welchen Zielen es zugewendet sein soll.

So nützlich Gefühle sind, um Unbehagen oder Unzufriedenheit zu vermitteln, sie reichen nicht aus, um Erkenntnisse zu erwerben, mit denen man sich zufrieden geben könnte. Ich weiß, dass viele Menschen sich weit mehr auf ihre Gefühle, als auf alles andere verlassen. Ich persönlich halte dies für unzureichend und gefährlich. Auch hinsichtlich des rechten Gebrauches von Gefühlen einerseits und Verstand andererseits gelten die Gesetze von Harmonie und Gleichgewicht. Es gilt, zu einer Ausgewogenheit zu finden und zu einer Sicherheit bei der Frage, wann wir der einen, wann der anderen Seite Vorrang zu geben haben.

Lassen Sie sich nicht von Gefühlen leiten, solange sie nicht alle Möglichkeiten ihres Verstandes ausgenutzt haben! Mit dieser einfachen Regel sollte es gelingen, sich ganz gut durch das Leben zu bewegen.

Wenn Sie besonders begabt sind, dann verfügen Sie über einen „sechsten Sinn", Sie können vorausahnen, was in bestimmten Situationen geschehen wird. Welche Erklärung es dafür auch geben mag, hören Sie auf das, was Ihnen Ihr sechster Sinn eingibt! Ich selbst habe vielfach beobachtet, wie hilfreich dieser sein kann, und ich weiß aus eigener Erfahrung, dass man selbst viel dazu beitragen kann, die eigene Wahrnehmung von Informationen dieses „sechsten Sinnes" zu verbessern, aber lernen Sie zu unterscheiden zwischen dem was Ihnen Ihr sechster Sinn eingibt und was Sie deshalb unbedingt beachten sollten und dem was Ihnen in ähnlicher Weise zufliegt, aber seinen Ursprung nicht in Ihrem sechsten Sinn hat, sondern Faulheit und Bequemlichkeit als Ursache hat.

Glauben Sie nichts, was man mit Sicherheit wissen kann und was mithin auch Sie in Erfahrung bringen könnten, wenn Sie sich genügend Mühe geben würden. Generationen vor Kopernikus und Galilei haben geglaubt, die Erde sei eine Scheibe, Sonne und Gestirne drehten sich um sie und das Ganze befinde sich im Mittelpunkt des Universums. Seitdem die Herren Kopernikus, Galilei und Kepler mit Wissen und Verstand den Dingen auf den Grund gegangen sind und die Wahrheit herausgefunden haben, glauben Sie natürlich nicht mehr, wovon die ganze Menschheit bis dahin überzeugt war.

Warum ich dies so betone? Nun ich tue es, um Ihnen vor Augen zu führen, dass solche Irrtümer in allen Bereichen noch immer möglich sind, wo wir nicht über gesichertes Wissen, über die Wahrheit verfügen. Das sicherste Gefühl und der festeste Glaube an bestimmte Sachverhalte werden sinnlos, wenn sich erst einmal herausgestellt hat, dass die Wahrheit ganz anders aussieht. Bis vor wenigen Jahren waren alle Mediziner der Überzeugung, Magengeschwüre entstünden durch Stress oder andere Einflüsse mit Ausnahme von Bakterien. Man war der Überzeugung, Bakterien könnten die Bedingungen im menschlichen Magen nicht überleben und sich schon gar nicht dauerhaft dort aufhalten. Die australischen Ärzte Marshall Burry und Robin Warren haben in den achtziger Jahren herausgefunden, dass ein Bakterium namens „Helicobacter Pylori" sehr wohl mit der Magensäure und allen sonstigen Einflüssen im Magen fertig wurde und für den größten Teil der Probleme verantwortlich war, von denen man bis zu seiner Entdeckung annahm, sie hätten völlig andere Ursachen. Sicherlich werden sie dafür irgendwann den Nobelpreis für Medizin erhalten!

Es gibt keine Statistik darüber, wie viele Menschen noch am Leben wären, hätte man schon früher die Wahrheit gekannt. Die bakterielle Erkrankung des Magens, erst einmal erkannt, lässt sich ohne große Probleme binnen 10 - 14 Tagen mit Antibiotika heilen. Ich habe neulich irgendwo gelesen, dass sich seitdem die Zahl der Magenoperationen in Deutschland um 80 % verringert habe. Das lässt den Schluss zu, dass 80 % der früher durchgeführten Operationen nicht die richtige Art der Behandlung des Leidens dargestellt haben, obwohl die Ärzte natürlich der Überzeugung waren, das Richtige zu tun. Wer heute als Arzt die Wahrheit noch nicht kennt, der gefährdet seine Patienten.

Gefühle und Glaube sind gut und nützlich und wir wären ohne sie nicht das, was wir sind, aber sie haben sich den Erkenntnissen des Verstandes zu beugen. Sie sollen dazu dienen, solche Erkenntnisse zu erlangen und dürfen ihnen keinesfalls im Wege stehen oder sie behindern. Was zum Wissen der Menschheit gehört, ist keine Glaubensfrage mehr und vieles von dem, was wir heute noch glauben werden unsere Nachfahren belächeln, weil sie über einen vergrößerten Wissensschatz verfügen werden und daher zu erkennen vermögen, wie weit wir mit dem, was wir glauben von dem entfernt waren, was für sie Gewissheit sein wird. Wie das Beispiel von den Bakterien im Magen anschaulich zeigt, dürfen wir es niemals bei dem belassen, was wir glauben, oder was wir für richtig halten, wir müssen beständig bemüht sein, alles was wir glauben oder wissen zu überprüfen und neuen, besseren Erkenntnissen zu opfern.

Wie schon früher erwähnt, ist eines der Schöpfungsgesetze das zu fortwährender Verbesserung, (permanente Optimierung) und der Mensch als Schöpfungsgehilfe hat sein Denken und Wirken darauf einzustellen. Das hat uns dorthin gebracht, wo die Menschheit sich heute befindet, und es wird dafür sorgen, dass die Welt in 300 Jahren von unserem „Heute" mindestens so weit entfernt sein wird, wie wir uns von dem Zustand entfernt haben, der vor 300 Jahren geherrscht hat.

Aber auch in 300 Jahren wird man nicht alles wissen und was man nicht beweisen kann, wird man auch in Zukunft entweder glauben oder nicht glauben. Wir werden nicht damit rechnen können, dass Gott die Bibel, die Schriften der Juden oder den Koran mit seiner Unterschrift versieht und damit als alleine richtig und verbindlich legitimiert. Nicht einmal auf der Ernennungsurkunde seines angeblichen Stellvertreters auf Erden findet sich seine Signatur. Dies ist auch nur logisch, denn wer allgegenwärtig ist, wie Gott, der benötigt gar keinen Stellvertreter. Wer an der Spitze der katholischen Kirche steht, der ist das Oberhaupt eben dieser Kirche! Alles was darüber hinausginge fiele unter den Begriff der „Amtsanmaßung". Zu behaupten, der Islam sei die alleine seligmachende Religion ist ebenfalls Anmaßung. Anmaßung ist, dies auch vom jüdischen oder christlichen Glauben zu behaupten.

Allerdings steht es jedermann frei zu sagen, „er glaube, dass es so sei", dann gilt die Aussage nur für ihn und jedermann ist frei, etwas ganz anderes zu glauben als andere und diese Toleranz empfehle ich ganz entschieden zu praktizieren und zu schützen.

Ich selbst glaube, wie aus den vorangehenden Kapiteln deutlich wird, dass Gott nicht ein einziges Wort von all dem geoffenbart hat, was in irgendwelchen Heiligen Schriften steht, sei es nun die Bibel, der Koran oder die Schriften der Juden. Ich bekenne auch offen, dass mir Gott weder persönlich noch durch Boten auch nur ein einziges Wort von dem geoffenbart hat, was in diesem Buch steht. Indes, er hat mich geboren werden lassen, er hat mich zu der Person werden lassen, die ich bin. Er hat mir meine Gefühle und meinen Verstand gegeben. So hat er meine Zweifel an den Aussagen entstehen lassen, die ich über ihn vorgefunden habe. Mein Unbehagen und meine Empörung über vieles, was ihm unterstellt und was von ihm erwartet und gefordert wird, haben schließlich zu diesem Buch geführt - nun mögen Sie selbst entscheiden, ob er daran Anteil hat oder nicht. Ich jedenfalls habe mich nach besten Kräften bemüht, bei meiner Arbeit seine Schöpfungsgesetze zu beachten, nämlich Harmonie und Gleichgewicht zu fördern und einer Mehrung und Verbesserung der Erkenntnisse über Gottes Schöpfung zu dienen.

11. DER SINN DES LEBENS - ERKENNTNISSE UND AUSBLICKE

Sie werden festgestellt haben, dass gewisse Themen immer wieder in unterschiedlichen Kapiteln dieses Buches auftauchen, und ich fühle mich verpflichtet, Ihnen zu erklären, dass dahinter eine bestimmte Absicht steht. Es ist nicht so, als hätte ich weiter hinten vergessen, was ich in früheren Kapiteln schon ausgeführt habe. Nein, ich will vielmehr mit dieser Methode Ihre Aufmerksamkeit immer erneut auf jene Themen lenken, die mir besonders am Herzen liegen, und die ich Ihnen ein ums andere Mal nahe bringen möchte. Gleichzeitig will ich vermeiden, dass die Wirkung meiner Überlegungen zu schnell verpufft, was zu befürchten wäre, wenn alle Gesichtspunkte die bei den Betrachtungen eine Rolle spielen, auf einmal auf Sie einwirken, um dann nie wieder erwähnt zu werden. Immer wieder umkreise ich so alles, was in angeblich „geoffenbarten" und deshalb in ebenso angeblich „Heiligen Schriften" über den Anfang allen Seins, über den Verlauf der Schöpfung geschrieben steht.

Eine der wichtigsten Feststellungen, die ich in diesem Buch treffe ist, dass kaum etwas der Wirklichkeit - und damit der Wahrheit - so fern ist, wie das, was AT und Koran über die Schöpfung aussagen. Nach heutigem Stand des Wissens der Menschheit kann niemand mehr im Ernst bezweifeln, dass der Schöpfungsvorgang weder in der Bibel, noch im Koran zutreffend dargestellt wurde. Hätte Gott, Allah oder Jahwe, das was über die Schöpfung in den Heiligen Schriften der Juden, Christen oder Muslime steht so - mit dem Anspruch es handele sich um die Wahrheit - tatsächlich geoffenbart, dann wäre er durch die wissenschaftlichen Erkenntnisse, über die der heutige Mensch verfügt, des Irrtums, wenn nicht gar bewusster Irreführung oder der Lüge überführt!

Nichts, aber auch gar nichts hat so stattgefunden, wie dort behauptet wird! Wir wissen, dass das Universum Milliarden von Jahren länger besteht, als unser Sonnensystem (ca. 20 Milliarden Jahre gegenüber ca. 4,5 Milliarden Jahren). Es hat also mit absoluter Sicherheit nichts an 6 - 7 Tagen stattgefunden, wie z.B. in der Bibel behauptet wird. Es darf wohl unterstellt werden, dass Gott als Urheber allen Seins sich weder über den wahren Sachverhalt im Irrtum befunden hat oder befindet, noch dass er irgendein Interesse daran gehabt hätte, etwas anderes als die Wahrheit zu offenbaren. Damit bleibt nur ein Schluss möglich: Da Gott auch keinen Zusatz gemacht hat, es handele sich bei seinen Offenbarungen um symbolische Aussagen, da die Menschheit nicht in der Lage sei, den tatsächlichen Vorgang der Schöpfung zu verstehen, hat in früher Zeit irgend jemand irrtümlich oder ganz bewusst falsche Tatsachen behauptet. Wenn Sie sagen, das sei doch alles ein alter Hut, und Sie hätten den diesbezüglichen Ausführungen von Bibel oder Koran ohnehin keinen Glauben geschenkt, dann darf ich Sie immerhin darauf hinweisen, dass sie schon seit Urzeiten unverändert dort aufgeschrieben sind.

Dies hat zur Folge, dass für viele auch alles andere, was dort steht, in Frage zu stellen ist, auch wenn es vielleicht richtig sein mag. Andererseits mühen sich jene, die Bibel und Koran Wort für Wort als unumstößlich richtig ansehen, mit abenteuerlich anmutenden Konstruktionen ab, um das, was sie glauben wollen, weil es nun einmal so dort steht, doch irgendwie mit der Wirklichkeit in Einklang zu bringen. Ich kann daher nicht oft genug betonen, wie wichtig es ist, so schnell und so gründlich wie nur irgend möglich die erforderlichen Korrekturen vorzunehmen.

Mit dem Märchen von der Arbeit an sechs Tagen (+ 1 Feiertag); ist weiten Teilen der Menschheit bewusst oder unbewusst die falsche Vorstellung vermittelt worden, bei der Schöpfung handele es sich um etwas bereits Abgeschlossenes, Beendetes. Um einen Vorgang, der in grauer Vorzeit - wenn schon nicht an sieben Tagen - so doch seit langem und ein für alle Male ein Ende gefunden hat. Wer so denkt, wird die Schöpfung niemals verstehen! Das wird immer wieder deutlich, wenn in Diskussionen über wissenschaftliche Entwicklungen, die Schöpfung als etwas von Gott Gegebenes, Statisches und Unantastbares vorgestellt wird, das der Mensch nicht beeinflussen dürfe. Er „versündigt" sich nach landläufiger Meinung, wenn er kraft seiner göttlichen Begabung mit Geist und Verstand, hier und dort kleine Eingriffe und Veränderungen vornimmt, die eher bescheiden ausfallen und in

Zukunft wesentlich bedeutender sein müssen, um das Überleben der Menschheit dauerhaft sicher zu machen.

Man stelle sich vor, eine reichlich einfältige Geschichte in einer „Heiligen Schrift" führt dazu, dass der Mensch seine wahre Aufgabe und seine eigentliche Bestimmung nicht zu erkennen vermag: Eine einfache, dumme Geschichte mit geradezu teuflischer Wirkung in vielerlei Hinsicht. Was wäre denn der Sinn menschlichen Lebens, wenn an sieben Tagen schon alles abschließend geregelt worden wäre?

Wenn es der Sinn menschlichen Lebens wäre, sich nur zu vermehren, dann könnte ja jeder abtreten, der seine Fortpflanzungsaufgabe erfüllt hat! Und was wäre mit denen, die aus welchen Gründen auch immer dazu keinen Beitrag leisten? Wäre also dies der Sinn des Lebens, der Mensch hätte ganz gut bei seinen Vettern, den Affen auf den Bäumen weiterleben können. Wie wir wissen, hat er dies nicht getan. Er ist von den Bäumen herabgestiegen, hat sich auf der Erde breit gemacht und seine Vettern im Zoo in Käfige oder Freigehege gesperrt, in den Weltraum geschossen, oder als Versuchskaninchen benutzt. Dass wir uns vom Leben auf den Bäumen und von der Verwandtschaft verabschiedet haben, kann zufällig geschehen sein.

Ich allerdings behaupte etwas anderes. Wodurch unterscheiden wir uns denn so sehr von allen uns bekannten Geschöpfen? Doch wohl am meisten durch Geist und Verstand! Damit sind wir schließlich in der Lage, zu erkennen, dass die Wirklichkeit im gesamten Universum ständiger Veränderung unterliegt. Damit haben wir herausgefunden, wie die Schöpfung bis heute wirklich verlaufen ist. Ferner vermögen wir damit zu erkennen, dass die Schöpfung ein Prozess und kein einmaliges Ereignis ist. Ein Prozess ohne Ende. Wir leben in einer Schöpfungswirklichkeit, die gestern anders war, als heute und heute anders als sie morgen sein wird. Und wenn Geist und Verstand einen Sinn haben sollen, dann den, dass wir den besten Gebrauch davon machen und uns an der Schöpfung beteiligen. Das ist es, was Gott von uns erwartet. Deshalb hat er uns von den Bäumen geholt! Durch die Fähigkeiten, die er uns geschenkt hat, versetzt er uns in die Lage, als seine

Helfer zu wirken. Er erwartet von uns, dass wir seine Regeln erforschen. Diese Regeln sind

1.) Beachtung und Wahrung von Gleichgewicht und Harmonie
2.) Schutz der Vielfalt der Schöpfung
3.) Beständiges Streben nach Verbesserung.

Unter Beachtung dieser Regeln sind alle Menschen eingeladen und aufgefordert, ihren persönlichen Schöpfungsbeitrag zu leisten. <u>Das ist der wahre Sinn des Lebens!</u>

Niemand möge nun entmutigt sagen, er sei nicht imstande etwas beizutragen! Nein, jedermann leistet durch sein tägliches Wirken einen Schöpfungsbeitrag! Gott erwartet nicht von jedermann, ein Kopernikus, Galilei oder Einstein zu sein, ein Rembrandt oder Picasso - oder wie sie alle heißen mögen, die Großes und Unvergängliches geleistet haben. Er bemisst jeden von uns daran, was er aus seinen Fähigkeiten gemacht hat. Ob er in Anbetracht seiner persönlichen Umstände sich jederzeit bemüht hat, sein Bestes zu geben. Es kommt darauf an, sich in jeder Situation nach besten Kräften zu bemühen, übertragene oder selbst gewählte Pflichten zu erfüllen und Ziele zu erreichen. Nicht die Bedeutung der Leistung ist das allein Entscheidende, sondern die Ernsthaftigkeit, die Intensität und die Aufrichtigkeit unseres Bemühens sind es, die Gott von jedem Menschen erwartet. Danach wird er einen jeden beurteilen, und jeder hat nur sein eigenes Tun oder Unterlassen zu verantworten. Wer seine Fähigkeiten nicht ausschöpft oder gar ständig negativ von Gottes Regeln abweicht, der wird Gelegenheit haben, dies nach seinem irdischen Tod ausgiebig zu bedauern. Darauf sollte man es besser nicht ankommen lassen!

Indes, niemand ist mit einer Schuld beladen, die er sich nicht selbst aufgeladen hat.

Unter Wahrung der zuvor genannten drei Regeln ist es nicht nur erlaubt, sondern eine von Gott erwartete Pflichterfüllung, wenn Wissenschaftler auf die Schöpfung Einfluss nehmen, neue Materialien erschaffen, die in der Natur nicht vorkommen (= Vergrößerung der Vielfalt) durch Gen-Veränderungen Krankheiten verhindern oder ausrotten (= Verbesserung der Schöpfung) durch Gen-Veränderungen den Gebrauch von Schädlings- und Unkrautbekämpfungsmitteln erübrigen (= Wahrung von Harmonie und Gleichgewicht in der Natur). Dagegen ist völlig klar, dass die Züchtung von Kopien der Genies der Menschheit (= klonen) und eventuell die Unterdrückung aller übrigen Erbanlagen ein klarer Verstoß gegen das Gesetz der Vielfalt der Schöpfung wäre, und damit auch ein Verstoß gegen die uns von Gott übertragenen Aufgaben und Pflichten. Dagegen sind wir völlig frei, Maschinen zu entwickeln, die über die bestmöglichen Fähigkeiten verfügen, die Menschen sich nur denken können.

Tatsache ist, dass trotz aller falschen und meist religiös begründeten Behinderungen, sich die Menschheit auf dem richtigen, von Gott gewollten Weg befindet. Wenn es gelingt, das in der Vergangenheit gelegentlich aufgetretene Chaos zu vermeiden und die Entscheidungsfindung über das, was notwendig und richtig ist und über das, was falsch und daher zu unterlassen ist - besser zu organisieren, so können wir die Wirksamkeit und die Bedeutung des menschlichen Schöpfungsbeitrages ganz im Sinne Gottes und zum Nutzen der Menschheit der Zukunft wesentlich verbessern. Dies zu erreichen muss unser aller Ziel sein.

Gott jedenfalls wird sich in keiner Weise einmischen. Er hat der Menschheit Souveränität verliehen und trotz gegenteiliger Behauptungen in den „Heiligen Schriften" gibt es keinen einzigen Fall in der Geschichte der Menschheit, in dem zweifelsfrei zu beweisen wäre, dass Gott diese absolute Souveränität durch seine - wie auch immer geartete - Einmischung verletzt hätte. Es ist ein verheerender Irrtum, anzunehmen, Gott sei schwach, weil er alles zulässt, ohne sich einzumischen! Ich behaupte das Gegenteil: Es erfordert wahrhaft überirdische, göttliche Allmacht und Beherrschung, sich z.B. im Fall eines Ereignisses wie des Holocaust, der Abwürfe der Atombomben auf Hiroshima und Nagasaki, in Fällen von Völkermord und Hungersnöten nicht einzumischen.

Jeder von uns, hätte er nur über die erforderliche Allmacht verfügt, wäre in den genannten Fällen ganz sicher der Versuchung erlegen, unter Verletzung der verliehenen Souveränität des Menschen Ordnung zu schaffen und Verbrechen gigantischen Ausmaßes zu verhindern. Da Gott sich nicht eingemischt hat, können wir von zweierlei ausgehen.

1. Gott wird sich auch in Zukunft nicht einmischen

2. Gott ist sich absolut sicher, den Menschen mit allen erforderlichen Fähigkeiten ausgestattet zu haben, die es ihm ermöglichen, trotz aller verheerenden Fehler, Irrtümer und Verbrechen, letztendlich eine bedeutende und positive Rolle im Schöpfungsgeschehen zu übernehmen.

Daraus ergeben sich für jedes einzelne Individuum wie auch für die Menschheit als Ganzes wichtige Konsequenzen: Wir müssen uns in vollem Umfang und in jedem Augenblick der uns von Gott geschenkten Fähigkeiten bedienen, um die Probleme zu lösen, die uns bedrängen. Gott wird sich weder in positivem, noch im negativen Sinne einmischen, weil er die Freiheit absolut wahrt, die er uns eingeräumt hat. Damit widerspreche ich jedwedem Wunschdenken der Menschen, wound wie immer es sich auch äußern mag. Gleichzeitig kommt es mir darauf an, zu erklären, dass man Gott weder für schwach halten muss, weil er sich nicht einmischt, noch gar der Überzeugung sein muss, es gebe ihn gar nicht. Ich denke der Grundsatz göttlicher Nichteinmischung ist eine respektable Erklärung dessen, was wir letztendlich beobachten und vielfach beklagen.

Wenn wir ehrlich sind, müssen wir auch einräumen, dass Gott uns tatsächlich mit allem ausgestattet hat, was erforderlich ist, um ein zufriedenes Dasein zu führen und darüber hinaus dafür Sorge zu tragen, dass auch diejenigen dies können, die aus eigener Kraft nicht dazu in der Lage sind. Dies vor allem müssen wir besser begreifen und in Zukunft erfolgreicher umsetzen, als es bisher möglich war. Ich habe in diesem Buch konkret ausgeführt, wie dies möglich wäre. Sicherlich werden meine Vorschläge belächelt, für unrealistisch gehalten und abgelehnt werden. Nun, wie dem auch sei, über kurz oder lang wird man nicht umhin können, die angesprochenen Probleme so oder auch anders zu lösen. Ich sehe es als meine Pflicht an, sie zu benennen und Lösungsmöglichkeiten aufzuzeigen. Wenn man die Probleme letztlich anders löst, so ist dies natürlich völlig in Ordnung. Es kommt nur darauf an, sie auszuschalten.

Noch einmal zurück zu den Berichten über die Schöpfung. Im Koran lesen wir dazu „Glaubt denn der Mensch, dass ihm volle Freiheit gelassen ist? War er nicht ein verspritzter Samentropfen? Darauf wurde ein wenig Blut aus ihm und Allah bildete ihn und formte ihn gehörig und machte aus ihm zwei Geschlechter, Mann und Weib" (Sure 75, 37-40) oder „Wir schufen den Mensch aus dem Samentropfen der in Paarung vermischten Geschlechter, um ihn zu prüfen, und haben ihm Gehör und Gesicht gegeben „ (Sure 76,3) aber „Lies im Namen deines Herrn, der alles geschaffen hat und der den Menschen aus <u>geronnenem</u> Blut erschuf" (Sure 96, 2 + 3) und „Den Menschen schufen wir aus trockenem Lehm und schwarzem geformten Schlamm und vor ihm die Dämonen aus dem Feuer des Samums. Und dein Herr sagte zu den Engeln: „Ich will den Menschen aus trockenem Lehm und schwarzem Schlamm schaffen, wenn ich ihn vollkommen gestaltet und meinen Geist eingehaucht habe, dann fallt ehrfurchtsvoll vor ihm nieder (Sure 15, 27 - 30) und „O ihr Menschen fürchtet Allah, der euch aus einem einzigen Wesen (Adam) geschaffen hat und aus diesem dessen Weib (Eva) und aus beiden viele Männer und die Weiber werden ließ (Sure 4,2)

Wer dazu feststellt: „Sprich > Was ist wohl das wichtigste Zeugnis < Sprich: Allah ist Zeuge zwischen mir und euch, und mir wurde dieser Koran offenbart, euch durch ihn zu ermahnen und alle die, zu welchen (des Korans) Richtschnur gelangen wird (Sure 6, 20), der stellt Allah ein höchst ungünstiges Zeugnis aus. Wie jedermann sich aus den oben wiedergegebenen Passagen selbst zu überzeugen vermag, muss Allahs Erinnerungsvermögen getrübt gewesen sein, wenn er sich unabhängig von dem, was wir heute als tatsächliches Geschehen zum gesicherten Wissen der Menschheit zählen dürfen, nicht einmal bei der Offenbarung des Korans klar dazu äußern konnte, wie er nun bei der Erschaffung des Menschen tatsächlich zu Werke gegangen ist. Ich persönlich ziehe daraus allerdings einen völlig anderen Schluss. Er lautet: Gott hat gar nichts geoffenbart. Hätte er je irgend etwas geoffenbart, es wäre über jeden Zweifel erhaben, klar und wahr.

Was lesen wir zum Thema Erschaffung der Menschen in der Bibel? Hierüber gibt 1. Mose in Kapitel 1 und 2 Aufschluss. Ich zitiere ab 1,26: „und Gott sprach: „Lasset uns Menschen machen, ein Bild, das uns gleich sei, die da herrschen über die Fische im Meer und über die Vögel unter dem Himmel und über das Vieh und über die ganze Erde und über alles Gewürm, das auf Erden kriecht 27. Und Gott schuf den Menschen ihm zu Bilde, zum Bilde Gottes schuf er ihn und schuf sie, einen Mann und ein Weib.„

Wie er dabei vorgegangen ist, erfahren wir in 1. Mose 2 Vers 07. „Und Gott der Herr machte den Menschen aus einem Erdenkloß und er blies ihm den lebendigen Odem in seine Nase. Und also ward der Mensch eine lebende Seele." Und weiter in 21: „Da ließ Gott der Herr eine tiefen Schlaf fallen auf den Menschen, und er schlief ein. Und er nahm seiner Rippen eine und schloss die Stätte zu mit Fleisch." 22 „und Gott der Herr baute ein Weib aus der Rippe, die er von dem Menschen nahm und brachte sie zu ihm." 23 „Da sprach er Mensch: Das ist doch Bein von meinem Bein und Fleisch von meinem Fleisch, man wird sie Männin heißen, darum dass sie vom Manne genommen ist."

Und wieder zurück zu 1. Mose Kapitel 1, 31: „Und Gott sah an, alles was er gemacht hatte, und siehe da, es war sehr gut".

Nun nach allem, was danach beginnend im Paradies, passiert ist, wird Gott wohl bald erkannt haben, dass diese Feststellung vorschnell war, und er sich gründlich geirrt hatte. Ich freilich lehne es als unzumutbar ab, dass Gott sich je geirrt haben könnte. Auch halte ich die Geschichte der Erschaffung des Weibes aus einer Rippe des Mannes für den Anfang jeglicher Diskriminierung der Frau und damit für die ebenfalls unzumutbare Unterstellung, Gott habe diese Folge nicht vorausgesehen. Im übrigen fehlt dafür der einfachste Beweis. Vergleichen Sie Röntgenbilder des Brustkorbes vom Mann und Frau und suchen Sie auf dem Bild des Mannes eine fehlende Rippe. Was glauben Sie, werden Sie dann feststellen? Richtig, es fehlt ihm gar keine Rippe!

Wer immer im Religionsunterricht Interesse gezeigt hat, es wird ihm nicht entgangen sein, dass ihm über die Entstehung des Menschen dort etwas völlig anderes vermittelt wurde, als beispielsweise im Fach „Biologie". Diese Tatsache hatte einst wesentlichen Anteil daran, dass meine Zweifel immer weiter wuchsen und mich schließlich fast dazu geführt hätten, an der Existenz von Gott selbst zu zweifeln. Zum Glück habe ich irgendwann erkannt, dass es Menschenwerk ist, an dem gezweifelt werden muss. Ich habe in vielen Diskussionen über die völlig untaugliche und Gottes unwürdige Darstellung des Schöpfungsvorganges festgestellt, dass es nicht wenige Menschen gibt, denen die Unantastbarkeit und unumstößliche Wahrheit der Bibel mehr bedeutet, als die wahre Erkenntnis des Wesens Gottes.

Freilich wird von der Mehrheit der Theologen nicht mehr darauf beharrt, es habe sich die Schöpfung tatsächlich so abgespielt, wie in 1. Mose geschildert. Da ist viel die Rede vom „Symbolcharakter" von „großartiger Dichtung" und vielem mehr, indes muss gefragt werden was diese Geschichte, der ich jedwede nützliche Funktion bezüglich der Erkenntnis des Wesens Gottes abspreche, in einer angeblich geoffenbarten Heiligen Schrift zu suchen hat. Ich denke, es ist an der Zeit, sich in aller Form davon zu verabschieden. Ich behaupte, dass durch sie mehr Menschen den Glauben an Gott verlieren als damit für den Glauben an Gott gewonnen werden können. Wer an diese Darstellungen der Bibel und des Koran glaubt, der wird Mühe haben, zu erkennen, dass er sich inmitten eines keineswegs abgeschlossenen Schöpfungsgeschehens befindet.

Er ist selbst Gegenstand der Schöpfung, aber damit darüber hinaus beauftragt, unter Wahrung göttlicher Regeln positiv auf die Schöpfung einzuwirken. Wir sind Helfer Gottes in Sachen Schöpfung und dies ist der eigentliche Sinn unseres Lebens. Die Heiligen Schriften sind keine Hilfe bei der Beantwortung der Frage nach dem Sinn des Lebens und das ist der Grund, warum gerade diese Frage so viele Menschen mit tiefer Ratlosigkeit erfüllt, obwohl die Antwort so naheliegend ist.

Natürlich wäre Gott in der Lage gewesen, genau so vorzugehen, wie es im AT beschrieben ist Natürlich hätte er auch das Durcheinander vollziehen können, das der Koran nahe legt. Tatsache ist jedoch, dass er einen völlig anderen Weg gewählt hat. Einen Weg unendlich viel erstaunlicher und großartiger. Einen Weg, der seine göttlichen Dimensionen erkennen lässt. Nachdem Milliarden von Jahren seit dem Beginn des Schöpfungsprozesses vergangen sind, Millionen von Jahren nach dem Aussterben der Dinosaurier, die selbst die Erde während Millionen von Jahren beherrscht hatten, lässt er binnen kurzer Zeit einen Winzling mit einem großen Gehirn und beachtlichen Fähigkeiten entstehen, der tatsächlich im Nu die Herrschaft über die Erde übernommen hat und der - wenn er es richtig anstellt - durchaus das Rüstzeug zu noch größeren Taten mitbringt.

Was in den Heiligen Schriften steht, ist in rein menschlichen Dimensionen gedacht. Der Unterschied zwischen Gott und den Menschen reduziert sich darauf, dass auch wir aus Lehm Menschen zu formen vermögen nur können wir dem Produkt nicht durch die Nase Leben einhauchen. Die abenteuerliche Geschichte mit der Rippe würden wir - offenbar klüger als Gott - gar nicht erst in Angriff nehmen, da wir doch über genügend Lehm verfügen um ganze Heerscharen zu modellieren.

Die Wissenschaft ist jedoch auf einem guten Weg, sich über die wahre Vorgehensweise Gottes Klarheit zu verschaffen. Was wir von ihm lernen, wird dazu führen, sein Wesen, seine Ziele noch viel besser zu erkennen, um in Zukunft nützliche und wirksame Helfer zu sein, auf die er stolz sein kann und an denen er seine Freude haben wird. Jedenfalls ist Gott viel ungewöhnlicher und großartiger, aber auch viel geradliniger und wahrhaftiger, als es uns die Schriften aus grauer Vorzeit vermitteln können. Kein Mensch würde auf die Idee kommen, in der heutigen Zeit mit Lehrbüchern aus der Epoche der Entstehung des AT des NT oder auch des Koran zu arbeiten. In Glaubensfragen klebt man jedoch an merkwürdigen Geschichten, nur weil irgendwann irgend jemand die Behauptung aufgestellt hat, diese seien von Gott selbst „geoffenbart" worden. Und damit vertun wir die Möglichkeit, das wahre Wesen Gottes besser kennen zu lernen.

Dazu noch eine Bemerkung, die nicht eigentlich in das Kapitel über den Sinn des Lebens gehört, aber an dieser Stelle besonders gut verständlich wird. Wie selbstverständlich wird allüberall der Eindruck vermittelt, Gott sei ein männliches Wesen. Überall ist die Rede von „DER HERR" „DER VATER" und auch Allah ist „DER ALLBARMHERZIGE" und wird im Koran zu Beginn jeder Sure so genannt - auch er also eindeutig männlichen Geschlechts. Und folgerichtig sind auch alle Engel männlich (der Teufel wenigstens auch) alle Propheten einschließlich Mohammed sind Männer. Natürlich hat Gott auch keine Tochter auf die Erde geschickt, sondern seinen Sohn (was der Koran allerdings nicht bestätigen mag). Und Maria, die Mutter Jesu, der im Koran mehr Aufmerksamkeit geschenkt wird, als in der Bibel, ist nicht etwa als eine eigene, gestaltende und aktiv wirkende Kraft dargestellt, die irgendeinem männlichen Wesen ebenbürtig wäre. Sie ist „auserwählt" als Mittel zum Zweck zu dienen, instrumentalisiert, ohne eigenen Willen. Einem männlichen Gott zu Diensten, um einen Sohn zu gebären unter Vermittlung männlicher Engel. Einen Sohn, der sich folgerichtig mit Jüngern umgibt und damit ebenfalls nicht gerade ein Zeichen für die Gleichberechtigung von Mann und Frau setzt. Dies aber hätte er als wahrer Abgesandter Gottes unbedingt tun müssen, da bekanntlich männliche Wesen den Fortbestand ihrer Art nicht gewährleisten können. Wenn es also nach Gottes Willen ohne weibliche Geschöpfe nicht geht, dann ist es auch sein Wille, sie dem Mann gleichzustellen.

Als Folge des oben Geschilderten haben Frauen sowohl im Christentum wie im Islam praktisch nichts zu sagen. Trotzdem dürften sie die Mehrheit der Gläubigen darstellen, die an das glauben, was da von Männern aufgenommen und überliefert wurde, wie merkwürdig es auch immer sein mag. Dieser männliche Gott hat offenbar nicht das geringste Vertrauen zu Frauen. Die werden belehrt, kritisiert, kujoniert, haben mindere Rechte und trotzdem wird berichtet, Chadidsche, die Frau Mohammeds war seine erste Anhängerin, und ohne sie (und ihren Schwiegersohn Ali) gäbe es den Koran nicht! Nun, ich behaupte dass all dies nicht Gottes Willen entspricht und dass dies aus seiner Schöpfung ganz deutlich hervorgeht. Zwei Männer mögen vieles bewerkstelligen können, aber wie die Dinge nun mal erschaffen sind, können sie zusammen keine Kinder haben. Dazu bedarf es der völlig gleichberechtigten Mitwirkung der Frau und es wäre an der Zeit aus dieser einfachen Tatsache, die gehörigen Konsequenzen zu ziehen und Frauen weltweit und nicht nur de jure, sondern auch de facto den Männern gleichzustellen!

Und dann noch ein Wort über Gott. Nur Männer, die zuvor den Frauen eine untergeordnete Stellung zugewiesen hatten, konnten sich einen männlichen Gott einfallen lassen. Der war so etwas wie ihresgleichen, nur eben noch ein bisschen mächtiger, ein großer Herrscher und Schöpfer ausgestattet mit allen Eigenschaften, die die Erfinder dieses Gottes selbst gerne besessen hätten. Tatsächlich entzieht sich Gott aber jeder menschlichen Vorstellung und da wir als gesichert ansehen können, dass er sich nicht fortpflanzt, dürfen wir davon ausgehen, dass er weder männlich noch weiblich, sondern einfach nur göttlich ist.

Natürlich weiß ich, dass viele von Ihnen gar nicht mit meiner Feststellung einverstanden sein werden, dass Gott sich jedweden Eingriffs in das irdische Geschehen enthält, dass er die volle Souveränität des Menschen respektiert, ob es nun gut oder schlecht läuft. Sie werden auf viele Ereignisse verweisen können von denen sie überzeugt sind, dass Gott Ihnen persönlich geholfen hat. Bitte bedenken Sie einmal genau, wie sehr Sie Gott damit kompromittieren. Glauben Sie denn im Ernst Gott könne einerseits der Vernichtung von Millionen von Menschenleben im Holocaust völlig tatenlos und ungerührt zusehen und wenig später aber Ihnen persönlich helfen, Ihre verlorengegangene Geldbörse wiederzufinden? Ein solcher Gott wäre wirklich nicht wert, dass man an ihn glaubte! So also kann es sich nicht verhalten und ich biete Ihnen deshalb eine Theorie an, die Gott nicht kompromittiert und Ihren Eindruck, es sei Ihnen Hilfe zuteil geworden gleichwohl bestätigt.

Ich habe in einem früheren Kapitel über eine Existenz nach dem irdischen Tod geschrieben. Daran will ich nun anknüpfen. Sicherlich würde doch eine solche Existenz ebenfalls einen Sinn haben müssen und ich habe eine Vorstellung davon, worin dieser besteht. Viele Gespräche, eigene Beobachtungen und Eindrücke, sowie die Lektüre von allerlei Berichten lassen mich zu der Annahme gelangen, dass wir nach unserem Tode für unsere Familie, unsere Freunde, Nachbarn und Bekannten als das agieren werden, was wir gemeinhin als „Schutzengel" bezeichnen. Wir werden uns bemühen dürfen, Unheil von unseren Angehörigen fernzuhalten. Anders ausgedrückt, wenn wir den sicheren Eindruck haben, dass uns eine höhere Macht geholfen und beigestanden hat, wenn wir Eingebungen erhalten, deren Befolgung uns vor Schaden bewahrt, wenn uns Dinge widerfahren, von denen wir meinen, Gott selbst habe eingegriffen, so bin ich der Überzeugung, dass es dem Einfluss von verstorbenen Mitgliedern unserer Familie, von verstorbenen Freunden, jedenfalls allen Verstorbenen zu verdanken ist, die uns wohlgesonnen sind. Diese verfügen natürlich nicht über die Allmacht und die Allwissenheit Gottes, deshalb haben sie es meist auch so schwer mit uns in Verbindung zu treten und deshalb ist ihr Einfluss nicht immer erfolgreich.

Wir unsererseits verfügen außerdem nicht über ein entsprechendes Wahrnehmungsvermögen und rechnen übrigens auch gar nicht damit, dass man uns etwas mitteilen möchte. Ich weiß indes von Leuten, die durch ein gewisses Training und die Aktivierung ihrer ganzen Sensibilität die Fähigkeit erlangt haben, Eingebungen wahrzunehmen und diese in ihrem Verhalten und bei ihren Entscheidungen oder Reaktionen zu nutzen. Dies würde erklären, warum einerseits schlimme Dinge passieren und zugleich wundersame und wunderbare Einflüsse festzustellen sind, die wir oft auf unmittelbares Einwirken Gottes zurückführen mögen. Er ermöglicht dieses Geschehen, handelt aber nach meiner Überzeugung nicht selbst, sondern erweitert nur den Horizont der Verstorbenen, so dass sie zukünftige Ereignisse voraussehen können und wissen, was ihren Angehörigen auf der Erde geschehen kann und sofern ihr Einfluss nicht bis zu uns durchdringt - auch geschehen wird.

Ich hoffe, dass es irgendwann gelingen wird, diese Theorie zu beweisen oder zu widerlegen. Jedenfalls bietet sie eine schlüssige Erklärung dafür, warum Gott nicht eingreift, wo wir dringend erwarten, dass einem Völkermord Einhalt geboten wird und andererseits aus weit geringeren Anlässen der Eindruck entsteht, nur Gott selbst habe durch sein Eingreifen jenes Unheil verhindern können. Sollten Sie an meiner Theorie Gefallen finden, so rate ich Ihnen jedenfalls, Ihre Sensibilität zu schärfen und Ihr Wahrnehmungsvermögen für Eingebungen der von mir beschriebenen Art zu entwickeln.

12. RÜCKSCHLÜSSE UND RATSCHLÄGE

Nun haben Sie also mein Buch bis hierher gelesen. Ich hoffe, es hat Ihnen einige neue Sichtweisen vermittelt. Einiges wird sie überraschen. Sie werden Zustimmung und Ablehnung empfinden. Wenn dies so ist, so habe ich schon viel erreicht. Wenn Sie gar zu eigenem Denken und Handeln angeregt würden, dann wäre ich darüber außerordentlich froh. Denken Sie vor allem darüber nach, was Ihre Ablehnung findet! Prüfen Sie ob diese wirklich hinreichend begründet ist. Sie zweifeln an Gott? Sie finden, ich hätte zuwenig beigetragen, um seine Existenz zu beweisen?

Nun, meine Mutter pflegte bei vielerlei Gelegenheiten zu sagen: „Von Nichts kommt nichts". Eine Binsenwahrheit und gewiss kein Gottesbeweis, aber erinnern Sie sich doch einmal an mein kurzes Kapitel mit dem kleinen Ausflug in die unendlichen Weiten des Universums. Wenden Sie darauf den banalen Satz an, dann kommen sie doch zum Ergebnis, dass es für all das, wovon wir umgeben sind, eine Ursache geben muss. Der Mensch ist als Urheber, als Verursacher definitiv auszuschließen. Dem wird wohl niemand widersprechen. Wenn er es also nicht war, dann muss es ein anderer gewesen sein. Nennen Sie es einen Zufall, der am Anfang stand und eine Folge von Zufällen, die bis zu diesem Augenblick und in Zukunft fortwirken, dann sind Sie am Ende der Fahnenstange. Sie können das Buch zuklappen. Wir sind unterschiedlicher Meinung und was ich noch zu sagen habe, wird sie kaum mehr interessieren. Hier beginnt der Glaube:

Ich glaube nicht an einen Zufall. Ich glaube an einen Verursacher, an einen Urheber an einen Schöpfer, an eine Macht, die unvorstellbar viel gewaltiger ist, als alles, was wir uns auszudenken vermögen. Im Übrigen behaupte ich, dass der Satz meiner Mutter auch auf den Zufall anzuwenden ist. Wenn von nichts nichts kommt, dann muss auch der Zufall, der ja nicht nichts, sondern „Zufall" ist, eine Ursache haben. Wenn wir für Ursache, Urheber, Macht, Schöpfer den landläufigen Begriff „Gott" verwenden, so erscheint es mir weit logischer nach all meinen bisherigen Ausführungen, an ihn zu glauben, als seine Existenz zu verneinen. Lassen Sie sich von niemandem einreden, er oder

seine Kirche, seine Sekte, seine Religion, seine Glaubensgemein-
schaft könne Ihnen als einzige den Weg zu Gott vermitteln. Natürlich
möchten alle gerne, dass Sie dies glauben, aber es ist einfach unwahr.
Gott hat kein Monopol an irgendjemanden vergeben! Sogar der von
mir häufig erwähnte Kardinal Ratzinger soll dem Spiegel zufolge
(Spiegel Nr. 51/96 S. 70) auf die Frage, wie viele Wege zu Gott führen,
geantwortet haben: „So viele, wie es Menschen gibt".

Ich bin überzeugt, dass er damit Recht hat und teile daher völlig seine
Meinung. Was bedeutet das aber für Sie persönlich? Es bedeutet kon-
kret, auch wenn Sie keiner Religionsgemeinschaft angehören z.B., weil
Sie aus irgendwelchen Gründen ausgetreten sind, so sind Sie deswe-
gen nicht „gottlos", nicht von Gott verlassen. Wenn Sie an Gott glauben, dann können Sie Ihren Weg zu Ihm getrost alleine gehen! Er ist in
Ihnen, mit Ihnen um Sie, er ist überall. Aber machen Sie nicht den
Fehler, zu glauben, Sie könnten die Hände in den Schoß legen und
beten: So, lieber Gott, nun tue mal was für Deinen Menschensohn, der
Dir immerhin die Ehre gibt, an Dich zu glauben, anstatt Dich zu ver-
leugnen! Das wird so nicht funktionieren. Es wird von Ihnen erwartet,
dass Sie in jeder Situation ihr Bestes geben, alle Fähigkeiten nutzen,
die Gott Ihnen hat zukommen lassen: Geist, Verstand und Kraft und
Gefühle. Nehmen Sie sich ein Beispiel an Mitmenschen, die trotz
schwerer Behinderungen erstaunliche Leistungen zuwege bringen.
Informieren Sie sich einmal über einen Mann namens Stephan Hawking und darüber, unter welch misslichen Umständen er seine bedeutende Arbeit verrichtet.

Sie sollten sich darüber im klaren sein, dass Gott von Ihnen eine „Lebensleistung" erwartet: das ist der Sinn Ihres Lebens. Sagen Sie nicht,
Sie seien dazu nicht im Stande, und wie die Wege die zu Gott führen,
der Zahl der Menschen entspricht, die Gott suchen, so verschieden
sind auch die Lebensleistungen der Menschen. Suchen Sie nach dem
in den Heiligen Schriften, was ich „Goldadern" genannt habe. Damit
meine ich alle Ausführungen über den Umgang mit dem Rest der
Menschheit, die Forderung zu helfen, wo Hilfe Not tut, die Forderung
auf Mitmenschen positiv zuzugehen, sie anzuhören, Ihre Persönlichkeit
zu respektieren, ihre Rechte anzuerkennen und notfalls zu verteidigen.

Wenn Sie können, so informieren Sie sich dazu nicht nur durch Lektüre der Bibel, lesen Sie auch andere Heilige Schriften, z.B. den Koran. Sie werden sehen, es wird Ihnen mit der Zeit gelingen, das Wichtigste zu erkennen und das „taube Gestein" beiseite zu lassen.

Wenn Sie sich in Ihrer Religionsgemeinschaft wohl fühlen, dann bleiben Sie dort, wo Sie sind, gut möglich, dass dies Ihr Weg zu Gott ist! Nur: Benutzen Sie Ihren Verstand. Prüfen Sie kritisch, was man da für „Glaubensleistungen" von Ihnen erwartet. Gott hat Ihnen den Verstand gegeben, damit Sie ihn gebrauchen, nicht damit Sie andere für sich denken lassen und zu jedem Unsinn mit dem Kopf nicken, nur weil vielleicht irgend jemand kraft irgendeines Kirchenamtes behauptet, dies oder jenes sei von Gott gewollt, wenngleich es Ihnen unwahrscheinlich vorkommt, dass der von Ihnen verlangen sollte, etwas zu glauben, was gar keinen Sinn macht!

Lassen Sie sich auch nicht einreden, Gott sei ein griesgrämiger, pedantischer, bürokratischer Erbsenzähler, ein eitler und selbstgefälliger obendrein, dem nichts mehr gefällt, als wenn Sie vor ihm im Staub liegen und ihn ob seiner unendlichen Güte in den höchsten Tönen lobpreisen! Tun Sie statt dessen lieber etwas, was seiner Schöpfung nutzt! Helfen Sie denen, die in Not sind, betätigen sie sich in politischen Ämtern zum Nutzen der Allgemeinheit, tun Sie etwas zum Schutz ihrer Umwelt, dann sind Sie Gott näher, als wenn Sie erstarrte theatralische Rituale ausführen, die zu nichts und für niemanden - am allerwenigsten für Gott - von Nutzen sind. Glauben Sie niemandem, der Ihnen weismachen will, Sie müssten um Gott zu gefallen, einen Hut tragen, oder dürften keinen Hut tragen, sie dürften sich nicht als Frau zeigen und müssten daher Zuhause bleiben oder nur bis zur Unkenntlichkeit entstellt in Gewänder gehüllt, mit Kopftüchern oder Schleiern versehen über die Straße huschen. Lassen Sie sich von niemandem einreden, Sie hätten als Frau geringere Rechte als ein Mann. Wo immer in der Welt Sie sich befinden, tragen Sie dazu bei, dass solch gotteslästerlicher Unfug auch im letzten Winkel der Erde ein Ende nimmt. Ich nenne es ganz bewusst „gotteslästerlich", dem Schöpfer des grandiosen Universums zu unterstellen, er verlange von seinen Geschöpfen ein derart sinnloses Gehabe. - Wenn Sie meinen Rat befolgen und die Schriften der Juden Christen und Muslime studieren, so vergessen Sie nicht, in welcher Zeit sie geschrieben wurden.

Erinnern Sie sich daran, dass man damals die Erde für den Mittelpunkt des Universums hielt und den Menschen für die Krone der Schöpfung. Dass die Erde eben nicht der Mittelpunkt des Weltalls ist, wurde von „gottlosen" Forschern gegen den Widerstand des Rests der Menschheit und vor allem der katholischen Kirche bewiesen. Keiner wird es mehr in Frage stellen, aber den Verfassern sämtlicher „Heiligen Schriften" war dies nicht bekannt und Gott hat es ihnen - wie ich schon früher ausgeführt habe - auch nicht in seinen angeblichen Offenbarungen mitgeteilt!

Übertragen Sie ihr Wissen über Tatsachen auf die alten Bücher, dann werden Sie merken, was „taubes Gestein" ist. Lassen Sie sich nicht einreden, Blutübertragungen oder sonst ein Ergebnis moderner Wissenschaft und Forschung sei „Teufelswerk" oder ähnliches. Nein, Gott hat allen zur Seite gestanden, die als Forscher und Wissenschaftler neue Verfahren und Methoden zum Nutzen der Menschheit und damit eines Teiles seiner Schöpfung erdacht und erarbeitet haben, und er tut es auch in Zukunft. „Ich denke, also bin ich" (Cogito ergo sum) formulierte einst der Philosoph Descartes, anstatt sich eben mal in den Arm zu kneifen. Drehen Sie seinen Satz einfach um: „Ich bin, also denke ich" dann sind sie auf dem richtigen Weg! Interessieren Sie sich für alles, wozu Ihr Geist fähig ist - und glauben Sie mir - er taugt für mehr als Fußball und Tennis im Fernsehen. Die Zukunft der Menschheit wird mit dem Kopf und dem Herzen bestimmt. Ihre Muskeln dürfen Sie in Ihrer Freizeit trainieren, für die Entwicklung der Menschheit sind sie bedeutungslos geworden - wozu gibt es für alles Maschinen? Je früher auch Ihre Kinder dies begreifen, desto besser für sie!

Wählen Sie genau aus, was Sie glauben können. 1. Mose 2, 21-23 wird Gott tatsächlich unterstellt, er hätte dem Adam eine Rippe entnommen, um daraus ein Weib zu formen. Glauben Sie im Ernst, Gott hätte keine andere als eine derart diskriminierende Möglichkeit gefunden? Glauben Sie allen Ernstes, er wollte Frauen diskriminieren? Wer immer diese überaus schädliche, diskriminierende und geradezu gotteslästerliche Geschichte erfunden hat: Er hat nicht die geringste Idee von Gottes wahrem Schöpfungsplan gehabt und das Unheil, das damit über einen Teil der Menschheit gebracht wurde und noch wird ist unermesslich. Nur mit dieser unsäglichen Geschichte hat Gott die Menschen für alles gestraft, was sie an je an Dingen anstellen könnten, die nicht seinen Beifall finden. Ich meine, es genügt nicht, zu sagen, dies alles sei nur bildlich gemeint. Es habe jemand eine allgemein verständliche Darstellung eines komplizierten Ablaufs liefern wollen. Er habe wenigstens literarisch Wertvolles geschaffen und auf Tatsachen komme es dabei gar nicht an. Nein, meine lieben Leser, damit kann man sich nicht begnügen! Diese üble Geschichte mit ihren fatalen Folgen hat in einer „Heiligen Schrift" nichts zu suchen, sie ist gotteslästerlich und geeignet, Menschen daran zu hindern, sich ein Bild von Gott zu machen, das Gott einigermaßen gerecht wird. Lesen Sie im Koran Sure 76, 1-4 und Sure 75 37-41 und Sie werden feststellen, dass Sie dort im Vergleich zur Bibel geradezu „authentisch" informiert werden. Dort werden Frauen tatsächlich nicht diskriminiert. Warum Muslime heutzutage mehr dazu neigen, dies zu tun, als Christen ist mir vorläufig noch ein Rätsel. Die oben genannten Passagen ihrer eigenen „Heiligen Schrift", des Koran, nehmen ihnen jegliches Recht dazu. Dort ist die Gleichstellung von Mann und Frau eindeutig festgeschrieben und dies entspricht genau dem Schöpfungsplan Gottes, der sich aus dem Studium der Vorgänge in der Natur ableiten lässt - aber eben nicht aus der Bibel!

Prüfen Sie die Legitimation derer, die in den Schriften auftreten, bevor Sie sich entschließen, dies oder jenes zu glauben. Wie glaubwürdig ist jemand, der wohl lesen und schreiben kann, der Wichtiges mitzuteilen hat, und dennoch darauf verzichtet, auch nur die winzigste Notiz zu hinterlassen?

Wie glaubwürdig ist jemand, der Nächstenliebe predigt, aber versäumt, die haarsträubende, diskriminierende Schöpfungsgeschichte zu verurteilen und immer wieder dagegen Stellung zu beziehen? Menschenrechte und Rechte von Minderheiten, Gleichstellung aller Rassen sind bei ihm mindestens zu kurz gekommen! Wie glaubwürdig ist einer, der angeblich sagt „wer aber sagt Du Narr, der ist des höllischen Feuers schuldig" und fast im gleichen Atemzug die Pharisäer selbst „Narren" nennt (Matth. 23, 17 und 19) vgl. auch H. v. Glasenapp a.a.O. S. 207. Trauen Sie Gott oder einem Gottessohn, also Jesus, solche Unzulänglichkeiten zu? Das sollten Sie nicht. Nehmen Sie eher an, dass einiges von dem, was und woran Sie glauben sollen, schlicht und einfach nicht „glaubwürdig ist. Lassen Sie sich weder durch Dogmen noch durch Tabus davon abhalten, die Dinge mit Ihrem Verstand zu durchleuchten, bevor Sie sich entschließen irgend etwas einfach nur zu glauben. Machen Sie sich die Sache nicht zu leicht, denn sie ist zugegebenermaßen nicht einfach. Glauben Sie auch nicht, ich wollte Sie in irgendeiner Weise selbst beeinflussen, etwa meiner Meinung zu folgen. Nein, es geht mir nur darum, Ihnen mit allem, was ich sage, „zu denken zu geben", schließlich und endlich müssen Sie selbst entscheiden, was Ihnen vernünftig und richtig erscheint.

Machen Sie sich nicht nur Gedanken über das, was in „Heiligen Schriften" geschrieben steht, sondern bedenken Sie immer wieder, was dort nicht geschrieben steht, obwohl es dort unbedingt ausgesagt und festgestellt werden müsste. Die Schriften sind nicht nur bemerkenswert durch ihren (häufig falschen oder nicht plausiblen) Inhalt, sondern durch das, was sie nicht enthalten, z.B. Ausblicke in die Zukunft, Auskunft über Kosmos und Mikrokosmos u.v.a..

Noch einige grundsätzliche Bemerkungen, die Sie bedenken sollten. Alle Menschen haben gleiche Rechte. Das heißt aber keineswegs, dass alle gleich wären. Sie sind es nur vor Gott und vor den weltlichen Gesetzen. Im wirklichen Leben werden Sie keine zwei Leute finden, die völlig identisch wären, mit gleichem Aussehen, gleicher Begabung, gleichen Gefühlen usw. Das macht das Leben schwierig, aber auch so interessant. Selbst wenn Sie lange mit einem Partner zusammenleben, wissen Sie trotzdem nicht in jedem Augenblick, was er fühlt und denkt.

Ich habe einmal die Geschichte von einem Ehepaar gehört. Beim Frühstück überließ er seiner Frau immer die obere Hälfte der Brötchen, die sie verzehrten, und behielt für sich selbst die untere Hälfte. Dies, weil er annahm, seiner Frau damit einen Gefallen zu tun. Er selbst hätte lieber die obere Hälfte gegessen und so nahm er, wie selbstverständlich an, dass auch seine Frau die gleiche Vorliebe hätte. Es soll zwanzig Jahre gedauert haben, bis sie per Zufall dahinter kamen, dass die Frau viel lieber die untere Hälfte gegessen hätte, sie aber ihrem Mann überlassen hatte, in der Annahme, ihn damit zu erfreuen.

So hatte jeder von ihnen zwanzig Jahre dem anderen zuliebe etwas getan, was für jeden von ihnen ein kleines Opfer bedeutete. Wenn es schon so schwierig ist, unter Menschen, die so eng zusammenleben, Verständigung zu erzielen, wie schwierig ist es wohl, endgültig herauszufinden, wie „Allah denkt" - wie Gottes Plan verbindlich aussieht! Aber es gibt tatsächlich Menschen, die sich die Beantwortung dieser Frage ernsthaft zum Ziel gesetzt haben. Einer davon ist Stephen W. Hawking, den ich schon früher erwähnt habe und ich verweise z.B. auf sein Buch „Eine kurze Geschichte der Zeit - Die Suche nach der Urkraft des Universums" erschienen als Taschenbuch im Verlag Rowohlt, es zeigt Ihnen die Grenzen menschlichen Wissens auf. Doch zurück zu einem wichtigen Anliegen, das ich Ihnen noch vortragen möchte und das sich aus meinen Ausführungen etwas weiter vorn ergibt.

Wenn die Menschen sich alle tatsächlich unterscheiden, dann sollten Sie daraus den Schluss ziehen, Verallgemeinerungen zu vermeiden. Sie geraten auf gefährliche Abwege, wenn Sie von den Deutschen, den Russen, den Franzosen, den Christen, den Juden, den Muslimen usf. sprechen und alle, die unter einen dieser Oberbegriffe fallen in einen Topf werfen. Es gibt z.B. russische Christen, russische Juden oder russische Muslime. Wen werfen Sie denn nun in welchen Topf? Alle Juden, alle Russen, alle Christen oder was? Gehen Sie lieber davon aus, überall auf Menschen zu treffen, die ihre eigene Persönlichkeit besitzen, was sie nicht daran hindert, einem Volk, einer Rasse, einer Religion, einer Partei, einem Verein oder was auch immer anzugehören. Warum soll ein muslimischer Russe mongolischer Abstammung Fußball weniger mögen, als Sie? Lassen Sie jedem die Freiheit seiner persönlichen Individualität, solange sie sich im Rahmen staatlicher Gesetze und der natürlichen Ordnung der Schöpfung entfaltet! Die Reichen oder die Proletarier: sie sind nicht nur voneinander, sondern auch untereinander verschieden.

Alle Theoretiker des Kommunismus, Marxismus, Leninismus oder wie auch immer man die Versuche wenigstens theoretischer Gleichmacherei bezeichnen mag, sie können in der Praxis keinen Erfolg haben, weil sie den völlig individuellen Charakter jedes einzelnen Menschen, den Gott in seinem Schöpfungsplan so vorgesehen hat, völlig außer Acht lassen, oder glauben überwinden oder außer Kraft setzen zu können. Hätten sie nicht gleichzeitig die Existenz Gottes und damit die ungeheuere Vielfalt seiner Schöpfung geleugnet, dann wäre ihnen vielleicht frühzeitig bewusst geworden, dass sie sich auf dem Holzweg befinden und man stelle sich vor, welches Leid dann Millionen von Menschen erspart geblieben wäre.

Die untauglichen Versuche der Weltverbesserung wie es z.B. die Idee vom Kommunismus ist, spielen zum Glück in der Gegenwart keine nennenswerte Rolle mehr. Bleiben Sie sich aber der Gefahren bewusst.

Stellen Sie sich deshalb auf die Seite der Individualität, auf die Seite „französischer, tennisspielender Juden", auf die Seite „skifahrender, katholischer Schweden", nehmen Sie jegliche Minderheit in Schutz, sofern sie nur friedlich ist und die geltenden Gesetze achtet. Dies zu überprüfen ist aber im Zweifel nicht Ihre Sache, sondern diejenige des Staates in dem Sie leben und seiner Gerichte.

Wenn sie sich daran halten, dann wird das Leben für Sie keineswegs ärmer oder langweiliger. Im Gegenteil, Sie werden ein Gefühl für die spannende Vielfalt menschlichen Lebens entwickeln.

Lehnen Sie nicht ab, was sie nicht kennen oder auf Anhieb nicht verstehen.

Bemühen Sie sich um Verständnis und Information und Ihr Leben wird reicher denn je, denn Sie sind nicht mehr durch Vorurteile behindert.

Leben Sie Ihr Leben so bewusst, wie Sie nur können, freuen Sie sich und schenken Sie Freude.

Glauben Sie nicht, dass Gott von Ihnen verlange in Entsagung, Verzicht und Askese zu leben.

Nutzen Sie alle Fähigkeiten, die er Ihnen für Ihr Leben gegeben hat.

Überwinden sie schlechte Laune, Trauer und Angst. Würden Sie nicht auch lachende und fröhliche Menschen sehen wollen, wenn Sie Gott wären? Nützen Sie die Zeit, die Ihnen vergönnt ist, hier zu leben, vergeuden Sie sie nicht, vor allem nicht damit, dass Sie sich und Ihren Mitmenschen das Leben erschweren, anstatt zu erleichtern!

13. NACHWORT: DIE ZIELSETZUNG

Natürlich habe ich mir selbst die Frage gestellt, ob ich mit diesem Buch in Gefahr laufe, unter die Schar der zahlreichen Weltverbesserer zu geraten. Nun, Weltverbesserer haben in der Regel eine allein seligmachende Idee, eine Ideologie. Sie sind der festen Überzeugung, nur ihr Weg könne den Rest der Menschheit beglücken. Sie bemühen alle Mächte, um sich durchzusetzen und schrecken letztendlich auch nicht vor Gewalt zurück. Wieder andere sind mit dem Bestehenden grundsätzlich unzufrieden, ohne genau sagen zu können, was denn Sinnvollerweise getan werden sollte, um nachhaltige Verbesserungen zu bewirken.

All dies habe ich nicht im Sinn. Mir ist nicht der Stein der Weisen zuteil geworden. Mein Ziel ist vielmehr, zu zeigen, wo Fragen angebracht sind. Und wenn ich versuche, Antworten zu geben, so tue ich es in der Absicht, meine Leser zu eigenem Nachdenken anzuregen. Wenn ich Vorschläge mache, so sollen sie als Anregung verstanden werden, sich in eine bestimmte Richtung zu bewegen und ich will diejenigen bestärken, die selbst schon ähnliche oder gar gleiche Ideen hatten oder haben. Es liegt mir fern, irgendeinen Fanatismus an den Tag zu legen, wie dies vielfach bei Weltverbesserern zu beobachten ist. Im Gegenteil, ich warne ganz entschieden vor Fanatismus jeder Art. Er trübt den Blick für die Wirklichkeit und führt nicht zu Resultaten von dauerhaftem Wert. „Freiheit, Gleichheit, Brüderlichkeit" klingt gut und es ist wahrhaftig nichts dagegen einzuwenden. Aber wie haben die Herren der Französischen Revolution durch ihr eigenes Handeln ihre gute Losung besudelt? Sie haben sich einfach darüber hinweggesetzt und einen König und dann eine Königin und den Adel des Landes und dann überhaupt jeden Andersdenkenden umgebracht! Schließlich haben die Oberrevoluzzer sich gegenseitig selbst die Köpfe abgehauen.

Vielleicht ist diese Französische Revolution so gottlos verlaufen, weil man an Gott von Anfang an überhaupt nicht gedacht hat, obgleich es wohl kaum etwas geändert hätte, wenn sie ihre Losung etwas anders formuliert hätten. Etwa so, „Freiheit, Gleichheit, Brüderlichkeit und Gott mit uns!" So ist diese Revolution in den Köpfen vieler, neben der sogenannten „Oktoberrevolution" in Russland „die Revolution" schlechthin - ein krasser Fehlschlag wie die russische Oktoberrevolution ja auch.

Meine Behauptung, dass Fanatiker keine Resultate von dauerhaftem Wert zustande bringen, stütze ich u.a. auch auf die Erfahrungen, die man mit diesen beiden Revolutionen gemacht hat. Machtbesessene Fanatiker oder Wirrköpfe - oder beides in einem - waren ihre Anführer. Der Stellenwert dieser Revolution ist nur dann bedeutend, wenn man ihn mit der Zahl ihrer Opfer bemisst. Sie sind kein Ruhmesblatt der Menschheitsgeschichte und es liegt mir fern, mit dieser Behauptung Mitbürger französischer oder russischer Nationalität verletzen zu wollen. Mögen sie selbst entscheiden, ob die Resultate ihrer Revolutionen, die sie zum Teil noch heute feiern, die Anzahl der Opfer rechtfertigen und ob sie der Menschheit als Vorbild dienen können. Ich meine nein!

Ganz anders die Revolution der Bürger der ehemaligen DDR im Jahre 1989. Einzelnen Menschen wird zugetraut, weise zu handeln. Aber sobald Menschen in Massen auftreten, bleibt die Weisheit normalerweise Zuhause. „Masse" und „Weisheit" sind geradezu entgegengesetzte Begriffe. Nicht so anlässlich der Revolution in der DDR. Dort sind regelmäßig Menschen massenhaft in revolutionären Demonstrationen auf die Straße gegangen, um mit der Losung „Wir sind das Volk" auf sich und ihre Belange aufmerksam zu machen. Dabei haben sie jede Gewalt vermieden. Sie haben gezeigt, dass eine Menschenmasse, die Weisheit walten lässt, auch ohne Anwendung von Gewalt Erfolg haben kann und die Kirchen haben eine gute Rolle gespielt. Gott war mit ihnen!

Das war eine Revolution, die wahrhaft verdient, als beispielhaft in die Geschichte der Menschheit einzugehen und siehe da, auch in Prag ist den Menschen eine friedliche Revolution dieser Art gelungen. Auch die Demonstrationen, die in jüngster Zeit in Belgrad stattgefunden haben, waren friedlich und erfolgreich, obwohl sie kaum als Revolution zu bewerten sind. So besteht Hoffnung, dass Revolutionen in Zukunft - sofern sie denn überhaupt erforderlich sein sollten - nach dem Vorbild der „Revolution in Weisheit" in der DDR ablaufen werden und nicht nach dem Vorbild blutrünstiger Wirrköpfe der Französischen Revolution von

1789. Anstatt sie zu feiern, sollte man diese Revolution ebenso wie jene Oktoberrevolution in Russland als gottlos und menschenfeindlich ächten!

Nein, ein „Revolutionär" möchte ich nicht sein. Ich will lediglich in aller Bescheidenheit anregen, darüber nachzudenken, was nach und nach verbessert werden sollte und wie dabei vorgegangen werden könnte bzw. was dabei zu beachten ist, nämlich Gott, seine Geschöpfe, seine Schöpfung und seine ewigen Regeln. Revolutionen sind zeitweilig eine durch Menschen hervorgerufene Störung von Harmonie und Gleichgewicht, aber wie man der Geschichte entnehmen kann, ist das Gleichgewicht und die Harmonie stabiler als die durch Revolution hervorgerufenen Störungen dieser Zustände. Nach mehr oder minder langer Zeit verlaufen sich die Revolutionäre und es kehrt wieder Ruhe und Frieden ein. Oder sie übernehmen selbst die Macht und sind dann an Ruhe und Frieden mehr interessiert, als an Revolutionen. Mir ist nur einer bekannt, der versucht hat, die Dinge anders zu handhaben, nämlich Mao TseTung, der die permanente Revolution versuchte. Erfolg hat er damit offensichtlich ebenfalls nicht erzielt. Das wäre ihm klar gewesen, wenn er sich mehr für die Gesetze der Schöpfung und die Geschichte der Menschheit interessiert hätte. Orientieren wir uns an der Schöpfung, die - wie dargestellt - ein fortdauernder Prozess ist und organisieren wir notwendige Verbesserungen ebenfalls in Form von Prozessen, dann wird sich nach und nach dauerhafter Erfolg einstellen! Machen wir uns frei von der Vorstellung, Gott habe in der unglaublich kurzen Zeit von sieben Tagen seine Schöpfung quasi als „Revolution" vollzogen.

Es ist eines meiner wichtigsten Anliegen, die ich mit diesem Buch verfolge, immer wieder darauf hinzuweisen, dass er einen anderen Weg gegangen ist und auch die Menschen demzufolge gut daran tun, sich bei Durchführung ihrer Vorhaben an seiner tatsächlichen Vorgehensweise zu orientieren, d.h. „Evolution" statt „Revolution" zu praktizieren. Setzen wir uns Ziele für notwendige Verbesserungen und nehmen wir uns mit Geduld aber Entschlossenheit die Zeit, die notwendig ist, um die Ziele zu erreichen. Wenn es dann noch gelingt, die hier definierten Gesetze der Schöpfung gebührend zu beachten, dann haben wir allen

Grund, die   Zukunft der Menschheit optimistisch zu   sehen!

14. LITERATUR

Die Bibel, AT, NT, übers. Martin Luther, Württ. Bibelanstalt Stuttgart

Der Koran, Goldmann Verlag, 7. Auflage 3/91

Asimov, Isaac, Die Exakten Geheimnisse unserer Welt, Band II, Bausteine des Lebens
Knaur Taschenbuch 1988

Augstein, Rudolf, Jesus Menschensohn, C. Bertelsmann Verlag 1972

Deschner, Karlheinz, Kriminalgeschichte des Christentums, Bd. 3, Verlag Rowohlt, 1. Aufl. 1990

Genius der Deutschen © 1966 by Verlag Ullstein GmbH, Frankfurt/Berlin

Glasenapp, Helmut von, Die fünf Weltreligionen, Eugen Diederichs Verlag 1991

Goleman, Daniel, Emotionale Intelligenz, Karl Hanser Verlag 1996

Grant, Michael, Jesus, Lübbe Verlag, 2. Auflage Oktober 1987

Hawking, Stephen W. Einsteins Traum Rowohlt Verlag 1. Auflage, Sept. 1993

Hawking, Stephen W. Eine Kurze Geschichte der Zeit Rowohlt Verlag, April 1991

Kippenhahn, Rudolf, Licht am Rande der Welt, Serie Piper, 3. Aufl. 1991

Kling, Hans, Theologie im Aufbruch, Piper Verlag 1987

Orthbandt, Eberhard, Illustrierte Geschichte Europas, Südwest Verlag München 1965

Overbye, Dennis, Das Echo des Urknalls, Droehmer Knaur, 1991

Ranke-Heinemann, Uta, Nein und Amen, Verlag Hoffmann und Campe 1. Aufl. 1992

Sartre, Jean Paul, Das Spiel ist aus, Rowohlt Taschenbuch

Tipler, Frank J, Die Physik der Unsterblichkeit, Piper Verlag, München 1994

15. THESEN UND ANLAGE

1. Gott ist allmächtig, allweise und allwissend. Es gibt nur einen Gott. Er ist der Schöpfer allen Seins.

2. Die Schöpfung ist kein einmaliges Ereignis, sondern ein ewig währender Prozess.

3. Nichts außer Gott und Gottes Schöpfung ist heilig. Es gibt keine abgeleitete Heiligkeit daneben

4. Nur Gott ist unfehlbar und vollkommen.

5. Der Mensch ist im Verlauf von Gottes Schöpfung und durch Gottes Willen aus dem Prozess der Schöpfung hervorgegangen.

6. Gott hat dem Menschen absolute Souveränität verliehen. Er hat ihn mit allem ausgestattet, was er benötigt, um Probleme zu lösen oder (besser!) zu vermeiden.

7. Gott beachtet strikt die menschliche Souveränität und wahrt das Prinzip der „Nichteinmischung" in irdische Belange. Er hat sich weder in der Vergangenheit eingemischt, er mischt sich in der Gegenwart nicht ein und wird sich auch in Zukunft nicht einmischen, egal, ob die Dinge gut oder schlecht laufen.

8. Daraus ist nicht zu schließen, der Mensch habe mit Gott nichts zu tun. Er muss sich vor Gott verantworten, muss über seine Taten Rechenschaft ablegen. Es ist wichtig, dass er eine Lebensleistung vorweisen kann, die seinen Fähigkeiten entspricht.

9. Er muss bei all seinem Tun die Gesetze der Schöpfung beachten. Die sind: Harmonie, Gleichgewicht und Vielfalt. Unter Wahrung dieser Gesetze hat der Mensch Anteil an der Schöpfung. Er ist ein Gehilfe Gottes. Das ist der Sinn menschlichen Lebens.

10. Nach seinem Tod wirkt der Mensch in einer Dimension, die wir (noch) nicht wahrzunehmen vermögen, als Beschützer (Schutzengel) seiner Angehörigen und Freunde. Manche Menschen nehmen diesen Einfluss wahr und schreiben ihn Gott persönlich zu, das kann aber wegen der erkannten „Nichteinmischung" Gottes so nicht richtig sein.

11. Gott bevorzugt keinerlei Religion oder Konfession. Er hat an niemand ein Alleinvertretungsrecht vergeben. Hätte er dies getan, dann stünde zweifelsfrei fest, wer dieses Recht besitzt. Dass viele behaupten, es zu besitzen, besagt mehr als alles andere, dass tatsächlich keiner legitimiert ist, und eine eindeutige Legitimation liegt auch niemandem vor.

12. Das „Böse" an sich - in absoluter Form - existiert nicht. Das Böse (B) ist immer relativ und stellt eine negative Abweichung von einer vorgegebenen Norm (N) dar. Daraus folgt die eindeutige Beziehung

$$B = f(N)$$

13. Treffen wir auf sogenannte „böse" Menschen, so handelt es sich um Personen, die entweder vorgegebene Normen insgesamt oder teilweise nicht für sich anerkennen oder eine besondere Neigung zeigen, von ihnen abzuweichen. Es handelt sich hierbei nicht um ein religiöses oder parapsychologisches Phänomen, sondern um eine klar soziologische, medizinische oder psychologische Problematik.

14. Glauben ist ein zeitlich begrenzter Ersatz für Wissen. Jeder, der etwas glaubt, ist gegenüber Gott verpflichtet unter Einsatz der

Gottesgaben „Geist" und „Verstand" die Plausibilität des von ihm Geglaubten zu überprüfen.

15. Gott ist allwissend, durch Gebete oder Anrufung kann man ihm also nichts mitteilen, was er nicht schon wüsste.

16. Gott kommt es nicht auf jene an, die ständig vor ihm im Staub liegen und seinen Namen im Munde führen, sondern auf Menschen, die in seinem Sinne handeln, ob fromm oder nicht fromm.

17. Gott ist kein bürokratischer Pedant. Um vor ihn zu treten benötigt man keine „Kleiderordnung". Er akzeptiert den Menschen notfalls so, wie er ihn hat werden lassen, nämlich nackt. Hüte, Schleier, Turbane, Umhänge oder ähnliches kann man sich und Gott ersparen.

18. Gott ist kein eitler Popanz, der zu seiner Selbstbestätigung unsere Gesänge und Lobpreisungen benötigte. Verwenden wir unsere Zeit besser dafür, sinnvolles zum Nutzen seiner Schöpfung zu vollbringen.

19. Kein Mensch ist unfehlbar, und Wahrheit kann nicht durch Mehrheitsbeschluss oder Einzelentscheidung (Dogma) verordnet werden.

20. Gott straft jeden Missbrauch von Macht. Dabei wiegt besonders schwer, wenn Menschen Schaden erleiden oder gar getötet werden. Macht darf nur unter Beachtung der Gesetze der Schöpfung ausgeübt werden.

21. Es gibt keine „gerechten" und keine „heiligen" Kriege. Alle Kriege sind ein Verbrechen vor Gott. Er will, dass alle Probleme mit Weisheit und Verstand friedlich gelöst werden.

22. Der Mensch kennt nicht seinesgleichen. Das berechtigt ihn aber nicht, sich für die Krone von Gottes Schöpfung zu halten.

23. Der Mensch soll wissen, dass Gott gütig und gerecht ist. Er bestraft in einem kurzen Menschenleben begangene Fehler nicht mit ewig währenden Strafen, und da es nie Adam und Eva gab, gibt es auch keine Erbsünde.

24. Bei Geburt sind alle Menschen vor Gott gleich. Bei ihrem Tod unterscheiden sie sich durch ihr Lebenswerk, über dessen Wert nur Gott alleine befindet.

25. Erkenntnisse über Gott können authentisch durch das Studium seines Werkes, der Schöpfung gewonnen werden.

ANLAGE

Entwurf einer Mitteilung an

      1. Juden
      2. Christen

Betrifft: Koran

Ich, der Schöpfer des Universums nebst Inhalt, habe in den letzten Wochen meinem Freund und Anhänger Mohammed eine neue, „Koran" genannte Offenbarung zukommen lassen. Diese Offenbarung setzt alle früheren Verlautbarungen, d. h. die Heiligen Schriften der Juden und die Bibel der Christen, außer Kraft. Insbesondere widerrufe ich alle dort verzeichneten Behauptungen über den Ablauf der Schöpfung, Adam und Eva, die Erbsünde usf. und verweise diesbezüglich auf den oben erwähnten Koran.

Ferner ist es mir wichtig klarzustellen, dass es sich bei dem von den Christen als meinen Sohn verehrten Jesus keineswegs um etwas anderes als um einen normalen Menschen im Range eines Propheten gehandelt hat. Dies ist ebenfalls im Koran richtiggestellt. Daraus ergibt sich, dass ich nicht dreifaltig, sondern ganz alleine meine Aufgaben wahrnehme, und auch, dass die fälschlicherweise als Jungfrau verehrte Mutter des Propheten Jesus keinerlei Sonderrechte genießt und auch in keiner Sonderstellung im Jenseits geführt wird.

Der Prophet Jesus und der Prophet Mohammed sind völlig gleichberechtigt. Ich fordere alle meine echten Anhänger unter Juden und Christen auf, mit sofortiger Wirkung den Glauben des Islam anzunehmen.

gez.   Allah
        Jahwe
        Gott

Diese Mitteilung wäre erforderlich gewesen, um den Islam gegenüber Juden und Christen zu legitimieren. Sie ist jedoch nie ergangen, so dass völlig offen ist, ob alle drei Religionen - oder gar keine - legitimiert sind, für Gott zu sprechen